後見預金

野村総合研究所
尾川宏豪 ［著］

一般社団法人 金融財政事情研究会

はしがき

　「後見預金」とは、成年後見制度利用促進基本計画において示された「後見制度支援信託に並立・代替する新たな預金サービス」の総称である。本書は、後見預金の入門書として、実例をふまえたスキームを整理し、裁判所への連絡・相談の手順について解説を行うとともに、金融機関の取組意義や、成年後見制度全般への拡張時の課題のほか、将来的な展望についても提言を行うものである。

　成年後見制度の利用促進に関する調査審議機関である利用促進委員会においては、後見人の不正防止策に関し、「後見制度支援信託に並立・代替する新たな預金サービス」の検討の必要性が提言され、多くの委員からも同様の発言がみられた。2017年3月に閣議決定された基本計画においても、新たな預金サービスの検討が、正式に盛り込まれることとなった。後見預金は、今般初めて論議の対象となったわけではなく、後見制度支援信託創設時にも、裁判所から同様の要請があったが、金融業界に目立った動きはなく、結果的に、後見制度支援信託としてスタートした経緯がある。裁判所は、できる限り身近な金融機関において利用可能なサービスの実現を目指していることから、特に地域金融機関は、これを真摯に受け止め、主体的に取り組む必要があるだろう。

　これまで、後見制度支援信託は本人の資産を凍結する制度で

あると誤解されることが多く、成年後見の申立てを忌避する
ケースもあったが、後見預金の登場によって、**自分が望む暮ら
しのために、自分のお金を安全に使えるようにするのが、成年
後見制度である**という認識が広まることを期待したい。

　後見預金に対しては、成年後見の利用が低迷するなか、どれ
ほどの利用件数が見込まれるのか、懐疑的な金融機関もある
が、預金流出防止にとどまらず、後見開始前のさまざまな金融
サービスの提供、家族信託の布石や任意後見への誘導など、相
続承継ビジネス全般への足がかりとなるのが後見預金である。
これまで、高齢者取引は、応対に時間がかかるなど、できれば
避けて通りたい分野だったかもしれないが、認知症700万人時
代を迎えるなかで、高齢者取引を避けるのではなく、むしろ高
齢者取引に強みをもつ地域金融機関となることで、新たなビジ
ネス領域を開拓し、収益化につなげていく知恵と工夫が求めら
れよう。

　筆者は、前著『日常生活支援から始まる成年後見事業』にお
いて、高齢者の生活支援をきっかけに、成年後見機能の提供ま
でワンストップで取り組むことで、相続承継ビジネスにつなげ
ていくという成年後見事業の推進を提言した。後見預金はその
一里塚となることから、本書を「成年後見事業第二章」と位置
づけている。

　金融機関にとって、後見預金の取組みは、一預金商品の提供
にすぎないかもしれないが、自治体をはじめとする地域連携
ネットワークの関係者は、認知症高齢者対応や成年後見に対す

る金融機関の取組姿勢を注視している。高齢者の日常の暮らしぶりをよく知るケアマネジャー等の介護職や福祉職は、高齢者や家族から、お金の相談や、相続の相談を受けることも少なくない。福祉と連携して、丁寧な相談に応じる金融機関は、地域社会からの大きな信頼を得ると同時に、相続承継ビジネスへの大きなチャンスを掴むことになるだろう。

　本書の執筆にあたっては、多くの実務家・専門家にご協力を賜った。沼津信用金庫の海田副部長、近畿産業信用組合の白原副部長、静岡中央銀行の両部顧問、しんきん成年後見サポートの平森事務局長には、後見預金の具体的なスキーム、商品性・要件に関する詳細な情報提供をいただいた。三井住友信託銀行の八谷成年後見・民事信託分野専門部長には、成年後見と信託の意義について多くの示唆をいただいた。遠藤弁護士には、後見制度支援信託の問題等について、わかりやすくご指導を賜った。あらためて深く感謝の意を表したい。

2018年5月

尾川　宏豪

目　次

第1章　後見預金の登場背景

第1節　成年後見制度の現状 …………………………………… 2

第2節　後見制度支援信託の積極的な活用 ………………… 12

第3節　後見制度支援信託の問題 …………………………… 21

第4節　後見預金の意義 ……………………………………… 27

　関係者にとっての意義 ……………………………………… 27

　成年後見制度にとっての意義 …………………………… 29

第2章　後見預金のスキーム

第1節　後見預金に求められる機能 ……………………… 34

第2節　後見制度支援信託との違い ……………………… 37

第3節　後見預金の要件とスキームの考え方 ………… 40

第4節　家裁指示書方式 …………………………………… 44

　概　　要 ……………………………………………………… 44

　基本的な口座開設・業務の流れ ………………………… 44

　商品概要 …………………………………………………… 47

　当初選任される成年後見人について …………………… 50

　特徴・メリット・デメリット …………………………… 51

　取扱事例 …………………………………………………… 52

iv

第5節　連名手続方式 ……………………………………… 54

　概　　要 …………………………………………………… 54

　基本的な口座開設・業務の流れ ………………………… 54

　商品概要 …………………………………………………… 57

　特徴・メリット・デメリット …………………………… 60

　取扱事例 …………………………………………………… 61

第6節　ICTの活用 …………………………………………… 62

第7節　サービス開始に向けたタスク …………………… 65

第3章　後見預金導入の進め方

第1節　家庭裁判所との連絡・相談における基本的な流

　　　　れ …………………………………………………… 70

第2節　複数の都道府県に店舗がある場合 ……………… 75

第3節　取組方針とマーケティング ……………………… 78

第4節　金融機関の取組状況 ……………………………… 81

第4章　成年後見制度全般への拡張

第1節　成年後見制度全般への拡張の意義 ……………… 86

第2節　保佐類型拡張時の検討課題 ……………………… 90

第3節　補助類型拡張時の検討課題 ……………………… 94

第4節　任意後見拡張時の検討課題 ……………………… 99

第5章　今後のサービス展開と将来の展望

第1節　機能・サービス拡張の方向性 ……………………… 104

第2節　金融機関が取り組む財産管理保全サービス ……… 108

　　信託銀行の取組み ………………………………………… 108

　　地域金融機関の取組み …………………………………… 109

第3節　後見開始前のサービスとの連携 ………………… 115

　　生活者の小口現金引出し ………………………………… 115

　　振り込め詐欺防止等の対策 ……………………………… 117

　　重要書類の保管サービス ………………………………… 119

　　相続承継ビジネス・任意後見・福祉型信託への誘導 ….. 120

第4節　後見制度支援信託のポテンシャル ……………… 123

第5節　後見事務の高度化と金融機関の役割 …………… 126

　　支払のキャッシュレス化と後見事務のアウトソース ….. 126

　　金融機関と裁判所のネットワーク化 …………………… 128

　　後見ビジネスへの展望 …………………………………… 130

第6節　福祉×金融による成年後見事業の推進 ………… 132

　　中核機関との連携による後見預金の機能強化 ………… 133

　　後見ニーズの発見と相続承継ニーズの発見 ………… 136

　　法人後見機能の設立運営支援 …………………………… 137

資　料　編

⑴　後見支援預金参考書式（静岡家庭裁判所）………… 142

⑵　後見制度支援信託参考書式（静岡家庭裁判所）········ 148

参考文献・参考資料 ··· 158

第 1 章

後見預金の登場背景

第1節　成年後見制度の現状

　成年後見制度は、精神上の障害により判断能力が十分ではない人が不利益を被らないように、法律面から本人を支援・保護する制度である。

　介護サービスが、社会保険の仕組みを活用し、行政の措置から事業者との契約に移行することとなったため（「措置から契約へ」）、事業者との契約にあたり、判断能力が不十分な者を保護する仕組みが必要となった。判断能力が低下した者を保護する制度であった禁治産制度は、旧民法における家制度を前提とした財産保護管理の仕組みであり、本人の支援保護の仕組みとしては不十分であった。そこで、2000年4月、介護保険制度のスタートにあわせて、ドイツや英国の立法例を参考に創設されたのが成年後見制度である。しかし、制度創設より18年が経過した成年後見制度は、利用の低迷等のほか、いくつかの問題を抱えている（図表1−1）。特に、後見人による不正の問題は、制度の根幹を揺るがすきわめて重要な問題である。

　成年後見の利用状況をみると、高齢者や障害者など、潜在的な対象者数は約1,300万人と考えられるのに対し、2017年12月末時点における利用者数は約21万人にとどまっている（図表1−2）。さらに、後見実務においては、後見人が本人の財産を着服する等の不正が発生している。そのほとんどが親族後見人によるものとされているが、弁護士や司法書士など専門職後

図表1－1　成年後見制度の問題と原因

問　題		問題の主体	原　因	
			問題点	制約条件
利用前	利用の低迷	すべての国民・国	・老後を直視しない ・制度とニーズのミスマッチ ・制度を知らない、誤解している ・制度の知悉・理解・わかりやすさ ・費用・手続・時間 ・申立人不在・後見人不在	【家族】 ・家族がいない ・家族はいるが、身近にいない・頼れない 　信頼できない・仲が悪い 　関係が希薄　等
利用後	不適切な利用	後見人・本人等	・後見人の悪意・不祥事が起きる環境 ・後見人に対する指導助言不足 ・本人等と後見人のコミュニケーション	【本人意思】 ・本人が自己決定をしない ・本人の意思が明確ではない
	円滑な後見事務の阻害	後見人	・身上監護の事実行為が職務外 ・医療同意・身元保証 ・後見事務の負担大・契約手続の負担増 ・後見報酬の水準・報酬受取時期 ・本人とのコミュニケーション	【財産】 ・本人に財産がある ・本人に財産がない 【制度】 ・法律（民法・任意後見法）上の制度である

（出所）　筆者作成

図表1-2 成年後見の利用状況

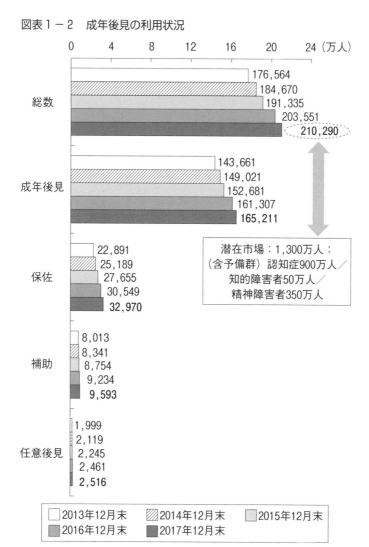

(出所) 最高裁判所「成年後見関係事件の概況」(平成29年1月～12月)より作成

図表1-3　成年後見人等による不正報告件数・被害額の状況

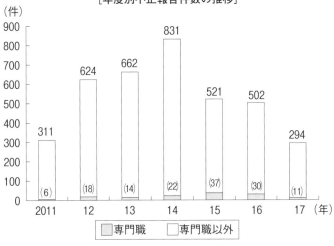

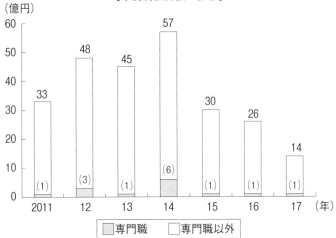

（注）　カッコ内の数値は、専門職の内数である。
（出所）　厚生労働省「成年後見制度の現状　平成30年5月」より作成

見人による不正もみられる（図表1－3）。

そこで、裁判所は、専門職後見人の選任や監督人の選任を増やすだけでなく、後見人の不正行為に対する確実な防止を図り、本人の利益のために適切な身上への配慮や財産管理が行われるようにするため、後見制度支援信託（後見制度支援信託の概要については、次節参照）の仕組みを導入した。その結果、親族後見人の割合は低下の一途をたどり、直近3年間は、3割を

図表1－4　後見人の選任状況の推移

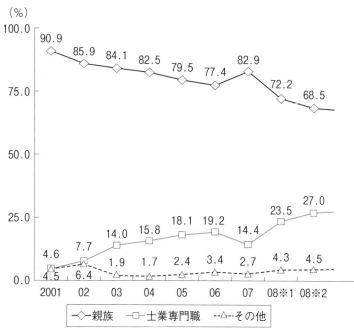

（注）　2008年※1までは3月末、2008年※2以降は12月末。
（出所）　最高裁判所「成年後見関係事件の概況」（平成13年3月～平成29年

割り込む状況が続いている（図表1-4）。

このようななか、成年後見の利用促進を図り、後見人不正防止をはじめとするさまざまな課題解決を目的に、2016年5月、成年後見制度の利用の促進に関する法律（以下、促進法）が施行された（図表1-5）。成年後見制度利用促進委員会（以下、利用促進委員会）での討議をふまえ、成年後見制度利用促進基本計画（以下、基本計画。2021年度までの5年間）が2017年3月

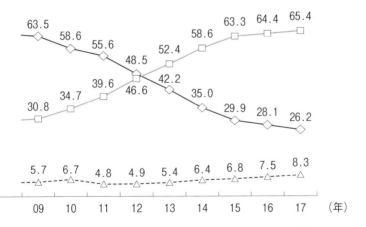

12月）より作成

図表1-5　促進法の概要

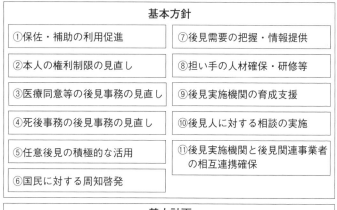

(出所)　厚生労働省ホームページ「成年後見制度利用促進」各種資料より

閣議決定され、同年4月よりスタートした(図表1-6)。この基本計画において、正式に「後見制度支援信託に並立・代替する新たな預金サービス」の創設が提言された。これが後見預金の登場背景である。

　なお、民法では、成年後見制度の利用者については、類型別に、成年被後見人、被保佐人、被補助人と呼称するが、本書では、特段類型を区別しない場合は、原則として本人と表記する

［利用促進に向けた動き］

```
2016年度
▽2016. 5
  促進法施行
▽2016. 9
  利用促進会議から利用促進委員会に諮問
  利用促進委員会開催（2017年12月まで全9回）利用促進WG（全4回）・
  不正防止WG開催（全4回）
▽2016.10
  円滑化法施行
▽2017. 1
  委員会意見取りまとめ・パブコメ実施
▽2017. 3
  利用促進会議にて基本計画案作成、閣議決定
2017年度
▽2017. 4
  基本計画スタート
2021年度
▽2022. 3
  基本計画5カ年終了（予定）
```

作成

（任意後見契約者本人を含む）。同様に、成年後見人、保佐人、補助人、任意後見人についても後見人と表記し、成年後見監督人、保佐監督人、補助監督人、任意後見監督人についても監督人と表記する。

図表1－6　基本計画の工程表

	2017年度
制度の周知	パンフレット、
市町村計画の策定	国の計画の周
利用者がメリットを実感できる制度の運用	適切な後見人等
	診断書のあり方
	意思決定支援の
地域連携ネットワークづくり	中核機関の設置
	相談体制・地域 構築支援
不正防止の徹底と利用しやすさの調和	金融機関におけ めの検討の促進
	専門職団体等によ
成年被後見人等の医療・介護等に係る意思決定 が困難な人への支援等の検討	医療・介護等の 応を行う際に参
成年被後見人等の権利制限の見直し	成年被後見人等 いて法制上の措

（出所）　厚生労働省「成年後見制度利用促進基本計画の工程表」より作成

2018年度	2019年度	2020年度	2021年度
ポスターなどによる制度周知			
知、市町村計画の策定働きかけ、策定状況のフォローアップ			
の選任のための検討促進 等の検討	新たな運用等の開始、運用状況の フォローアップ		
あり方についての指針の策定等の検討、成果の共有等			
・運営、地域連携ネットワークの整備			
連携ネットワーク	参考となる考え方の周知、活用状況 をふまえた改善		
る自主的取組みのた る自主的な取組みの促進	取組みの検討状況・地域連携 ネットワークにおける不正防 止効果をふまえた、より効果 的な不正防止のあり方の検討		
現場において関係者が対 考となる考え方の整理	参考となる考え方の周知、活用状 況をふまえた改善		
の権利制限の措置につ 置等（2019．5メド）			

第1章　後見預金の登場背景　11

第2節 後見制度支援信託の積極的な活用

　家庭裁判所は、2012年2月から、後見制度支援信託の運用をスタートさせている。後見制度支援信託は、法律上の制度ではなく、最高裁判所、法務省、信託協会の三者の協議によって創設された仕組みであり、成年後見のほか、未成年後見においても利用される。

　後見制度支援信託とは、本人（成年被後見人および未成年被後見人）の財産のうち、「日常的な支払をするのに必要十分な金銭を預貯金等として成年後見人が管理し、通常使用しない金銭を信託銀行等に信託する仕組み」である（図表1－7）。後見制度支援信託の主なスキーム上のポイントは、以下のとおりである。

① 信託財産は、預貯金等の金銭に限定されること（信託財産は元本が保証され、預金保険制度の保護対象となる）

② 信託の設定（新規・追加）、払出し（定期払出し・一部払出し）、解約においては、家庭裁判所の指示書によって手続を行うこと

③ 後見類型に限られること（保佐類型・補助類型・任意後見は対象外）

　後見制度支援信託は、後見開始の審判の申立てがあった後、家庭裁判所において、本人の財産内容等を精査のうえ、後見制度支援信託の利用が適切であると判断した場合、まず弁護士や

図表1-7 後見制度支援信託（基本的な仕組み）

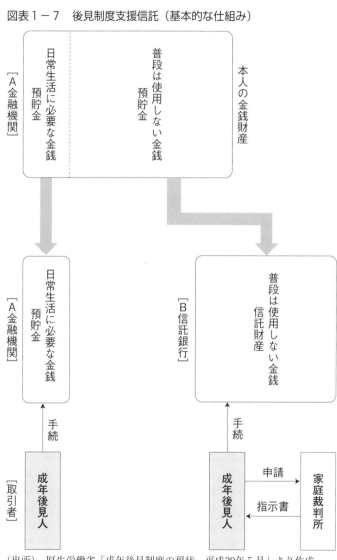

(出所) 厚生労働省「成年後見制度の現状 平成30年5月」より作成

第1章 後見預金の登場背景 13

司法書士等の専門職が成年後見人として選任される。選任された専門職後見人は、財産調査を行うとともに、月次・年次の収支計画・後見支援計画を立てる。その結果、後見制度支援信託の利用が適切であると判断される場合には、日常的な金銭管理に必要な財産額および信託銀行等に預託する信託財産額を決めたうえで、家庭裁判所に対して後見制度支援信託の利用の申請を行う（図表1－8）。家庭裁判所が、後見制度支援信託の利用を適当と認めた場合には、専門職後見人に対し、信託契約締結

図表1－8　後見制度支援信託（口座開設の流れ）

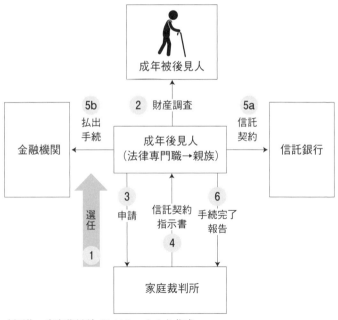

（出所）　家庭裁判所パンフレットより作成

図表1-9 後見制度支援信託（払出しのスキーム）

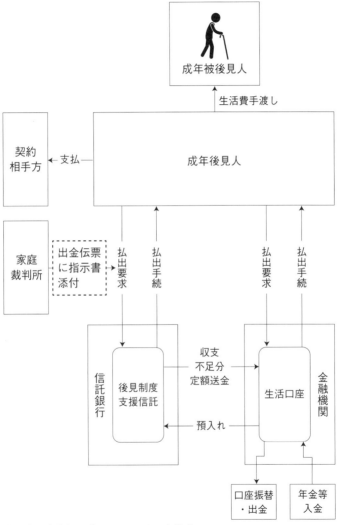

（出所）家庭裁判所パンフレットより作成

の指示書を交付する。専門職後見人は、指示書を持参のうえ、信託銀行等との間で信託契約を締結する。契約が終了すると、家庭裁判所に対して報告を行い、専門職後見人は辞任する。

　この結果、専門職後見人から引継ぎを受けた親族後見人は、通常は、日常的な金銭管理を行うことになる。毎月の収支が赤字になることが明確な場合には、信託財産から、定期的に生活口座に定額自動送金することもできる。一時的に資金不足が発生したり、解約の必要性がある場合には、親族後見人が家庭裁判所に報告を行い、家庭裁判所の指示書によって、払出し・解約の手続を行う（図表1－9、1－10)。逆に、保険金の受取り

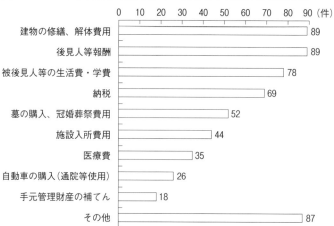

図表1－10　後見制度支援信託（一時金交付の請求理由別件数）

- 建物の修繕、解体費用　89
- 後見人等報酬　89
- 被後見人等の生活費・学費　78
- 納税　69
- 墓の購入、冠婚葬祭費用　52
- 施設入所費用　44
- 医療費　35
- 自動車の購入（通院等使用）　26
- 手元管理財産の補てん　18
- その他　87

（注）「その他」には、債務の弁済や訴訟手続準備などが含まれる。
（出所）最高裁判所「後見制度支援信託の利用状況等について」（平成29年1月～12月）より作成

図表1-11 後見制度支援信託（利用状況）

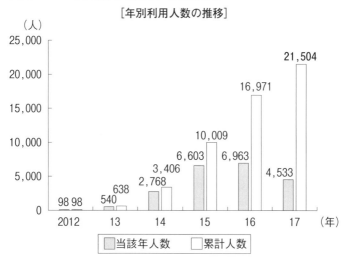

[年別利用人数の推移]

[年別信託財産額の推移]

(出所) 最高裁判所「後見制度支援信託の利用状況等について」（平成29年1月～12月）より作成

第1章 後見預金の登場背景 17

図表1-12　後見制度支援信託を提供する金融機関一覧

	三井住友信託	みずほ信託	三菱UFJ信託
契約受付	店頭	原則専門部署への郵送	郵送のみ
最低受入金額	1,000万円以上1円単位	1円以上1円単位	1,000万円
管理報酬	無料	原則無料（当初金額が1,000万円未満の場合は税込3万2,400円）	無料
予定配当率（税引前）	5年以上0.015%2年以上0.01%	5年以上0.015%	0.015%
解約手数料	指示書による一時金交付は無料	指示書による一時金交付は無料	収益金を限度に有料
振込手数料	定期金交付は無料	定期金交付は無料	定期金交付は無料
信託契約代理店	―	みずほ銀行	常陽銀行

（注）　2018年4月2日現在。
（出所）　東京家庭裁判所ホームページ「後見Q&A　Q13　信託商品を提供し

等、臨時の収入等があった場合も、親族後見人が家庭裁判所に報告を行い、家庭裁判所の指示書によって、追加入金手続を行う。

　後見人の不正事案が相次いだという背景から、全国的に、家庭裁判所は、積極的に後見制度支援信託を活用してきた。2017年12月末において、これまでの利用累計人数は、2万1,504人、累計信託財産額は、約6,988億円にのぼっているが、昨年

りそな	千　葉	中　国
店頭・メールオーダー・信託契約代理店	本部受付	信託業務取扱店 16カ店
5,000円以上 1円単位	1円以上 1円単位	1円以上 1円単位
契約時： 税込16万2,000円 契約中： 月額税込3,240円	契約時： 税込16万2,000円 契約中： 月額税込3,240円	無料
5年以上0.01%	0.01%	0.005%
収益金を限度に 有料	無料	無料
定期金交付は無料	無料（千葉銀行本支店を指定）	無料（中国銀行本支店を指定）
埼玉りそな銀行 近畿大阪銀行	―	―

ている金融機関一覧」より作成

は伸びが鈍化している（図表1－11）。後見制度支援信託は、法定の制度ではないため、家庭裁判所から利用の打診があったとき、申立人等はこれに応ずる義務はないが、親族後見人のみで財産を管理することが困難と判断される場合には、成年後見監督人が選任されることがある。

　家庭裁判所では、預貯金が1,000万円以上の事案（日常手元資金を含め、1,200万円以上など）において後見制度支援信託の

活用を促しているケースが多いが、東京家庭裁判所では、資産額500万円を超える資産がある場合について、後見制度支援信託の利用の検討がなされている。

　後見制度支援信託は、運用開始当初、新規の申立案件において利用されていたが、2013年からは、管理継続中の事案における利用が始まっている。さらに、当初は、親族後見人による不正行為の未然防止が主な目的であったが、近時では、親族後見人の事案ばかりでなく、専門職後見人の事案についても利用がみられる。

　後見制度支援信託を提供する信託銀行等は、当初は、専業信託等4行にとどまっていたが、2016年7月からは、千葉銀行が取扱いを開始し、2017年3月からは、中国銀行が提供を開始している（図表1－12）。

第3節 後見制度支援信託の問題

　後見制度支援信託については、導入時に、日本弁護士連合会を始め、公益社団法人成年後見センター・リーガルサポート、公益社団法人日本社会福祉士会等の専門職団体から意見書が出され、以下のような問題があることが指摘されている。

① 本人（本節では、成年被後見人）の権利擁護と身上保護への影響懸念

　財産隔離が行われることで、本人の財産利用が抑制されることにつながるのではないか。

　家庭裁判所が実質的に監督外事件とすることで、本人の権利侵害への監督が不十分となるのではないか。

　家庭裁判所のチェックが不十分なために、指示書が適切に発行されない事案が発生するのではないか。

② 障害者権利条約への抵触懸念

　日本が2014年2月に批准した障害者権利条約では、できる限り本人の能力を肯定し、権利擁護を謳おうとしているのに対し、後見人の権限を拡大し、本人の意思に反して本人の財産を隔離するのは、条約に抵触するのではないか。

　一方、成年後見制度・民事信託に詳しい遠藤英嗣弁護士からは、後見制度支援信託には、以下のような2つの大きな問題があることが指摘されている。

　1つは、信託終了時の残余財産の帰属の問題である。後見制

度支援信託を利用していた本人が死亡した場合、残余の信託財産の帰属については、信託契約書の定めるところによるが、現行の信託銀行の契約書では明確な定めがない。通常、本人の遺産に戻る、つまり相続財産に帰属させるのが妥当な結論であると思われるが、信託法では、残余財産受益者か帰属権利者、委託者またはその相続人その他の一般承継人、清算受託者の順で帰属すると定めている（信託法第182条）。したがって、残余財産の帰属をめぐって、相続人間でトラブルになるおそれがあるという指摘である。

　もう一つは、遺言が存在する場合の遺言の効力の問題である。成年後見開始時において、すでに本人が遺言を作成していた場合には、後見制度支援信託の利用によって、遺言に記載してある金融機関の預貯金口座が解約されて、遺言の内容が変わってしまうことになる。本人が死亡し、遺言に従って財産分与を行う場合、遺言に記載された金融機関の預貯金を相続するはずだった受遺者は、これを相続できなくなってしまう。遺言そのものが無効になってしまうと考えられることから、あらためて遺産分割協議を行うこととなり、受遺者間でトラブルになるおそれがあるという指摘である。

　後者の点では、このようなトラブルを回避するため、家庭裁判所では、遺言の存在が明らかである場合には、後見制度支援信託を利用しないこととしてきたようだが、現実には、相続発生時に遺言が発見されたことにより、トラブル事例が発生しているとのことである。後見制度支援信託の利用増加と相続の発

生に伴って、看過できない状況を引き起こすおそれがある。

　成年後見の利用現場では、本人や支援者等から不満の声が聞かれることに加え、金融業界、特に地域金融機関からは、信託銀行等への預貯金流出に対する不満の声があがっている。利用促進委員会においても、地方から東京に資金が流出することへ

図表1－13　利用促進委員会における提案内容

委員会の意見の概要

■後見制度支援信託に並立・代替する預貯金等の管理のあり方については、金融機関における自主的な取組みに期待（全国銀行協会、全国地方銀行協会、第二地方銀行協会、全国信用金庫協会、全国信用組合中央協会、ゆうちょ銀行、農林中央金庫に要請）

■今後、最高裁判所・法務省とも連携しつつ、積極的な検討を進めることが期待される

預貯金等の管理のあり方のイメージ（案）

　成年被後見人名義の預貯金について

1．口座の分別管理

　①小口預金口座（日常的に使用する生活費等の管理）

　②大口預金口座（通常使用しない多額の預貯金等の管理）

2．払戻し

　①小口預金口座

　　後見人のみの判断で払戻しが可能

　②大口預金口座

　　後見人に加え、後見監督人等の同意（関与）が必要

3．自動送金等

　生活費の継続的な確保のための定期的な自動送金

　②大口預金口座→①小口預金口座

（出所）　厚生労働省「成年後見制度利用促進基本計画のポイント・概要（8枚版概要）」より作成

の懸念が提起された。地域金融機関の預貯金の高齢者割合は過半数を超えており、人口減少に加え、資金流出が地域経済に与える影響は小さくない。そこで法務省は、2016年11月～12月にかけて、金融庁や農林水産省の協力のもと、内閣府、最高裁判所とともに、全国銀行協会以下5つの業界団体とゆうちょ銀行、農林中央金庫に対し、後見人の不正防止についての積極的な取組みについて依頼を行った（図表1－13）。基本計画においても、長年取引してきた金融機関の口座を継続利用できるよ

図表1－14　基本計画のポイント

基本計画のポイント

※計画対象期間：おおむね5年間を念頭
　市町村は国の計画を勘案して市町村計画を策定

(1)　**利用者がメリットを実感できる制度・運用の改善**

⇒財産管理のみならず、意思決定支援・身上保護も重視した適切な後見人の選任・交代

⇒本人の置かれた生活状況等をふまえた診断内容について記載できる診断書のあり方の検討

(2)　**権利擁護支援の地域連携ネットワークづくり**

⇒①制度の広報　②制度利用の相談　③制度利用促進（マッチング）　④後見人支援等の機能を整備

⇒本人を見守る「チーム」、地域の専門職団体の協力体制（「協議会」）、コーディネートを行う「中核機関（センター）」の整備

(3)　**不正防止の徹底と利用しやすさとの調和**

⇒後見制度支援信託に並立・代替する新たな方策の検討

※預貯金の払戻しに後見監督人等が関与

（出所）　厚生労働省「成年後見制度の現状　平成30年5月」より作成

図表 1 −15　基本計画における金融機関への取組期待

2．成年後見制度利用促進に当たっての基本的な考え方及び目標等⑵今後の施策の目標等

⒜不正事案の発生を未然に抑止する仕組みの充実

○不正事案の発生やそれに伴う損害の発生をできる限り少なくするためには、不正事案の発生を未然に抑止する仕組みの整備が重要である。このため、成年後見制度の利用者の利便性にも配慮しつつ、<u>後見制度支援信託に並立・代替する預貯金の管理・運用方策の検討の促進等</u>について検討を行う。

○各後見人の後見業務が適正に行われているかの日常的な確認、監督の仕組みの充実については、専門職団体による自主的、積極的な取組に期待するとともに、法務省等は、最高裁判所と連携し、必要な検討を行う。

3．成年後見制度の利用の促進に向けて総合的かつ計画的に講ずべき施策⑶不正防止の徹底と利用しやすさとの調和─安心して利用できる環境整備─

○成年後見制度が利用者にとって、安心かつ安全な制度となるためには、監督機能の更なる充実・強化が必要であるところ、家庭裁判所のみならず関係機関においては、不正事案の発生を未然に抑止するための仕組みについて、今後の積極的な取組が期待される。

○**特に、地域における金融機関の役割については、本人が成年後見制度を利用するに当たって、自己名義の預貯金口座を維持することを希望した場合には、後見人において、これを適切に管理・行使することができるような、<u>後見制度支援信託に並立・代替する新たな方策を金融関係団体や各金融機関において積極的に検討することが期待される。</u>**

①**金融機関による新たな取組**

○**金融機関は、本人名義の預貯金口座について、後見人による不正な引出しを防止するため、元本領収についての後見監督人等の関与を可能とする仕組みを導入するなど、不正事案の発生を未然に抑止するための適切な管理・払戻方法について、最高裁判所や法務省等とも連携しつつ、積極的な検討を進めることが期待される。**

○**こうした取組により、後見人の財産管理の事務の負担が軽減されることになれば、後見人が身上保護に関する事務により取り組むことが可能となる。**

（注）　下線・太字は筆者。

（出所）　厚生労働省「成年後見制度利用促進基本計画」より抜粋

う、全国の金融機関による積極的な検討が望まれるとの内容が盛り込まれることとなった（図表1－14、1－15）。

　基本計画における指摘をふまえ、2017年6月から、金融関係団体（全国銀行協会、全国地方銀行協会、第二地方銀行協会、全国信用金庫協会、全国信用組合中央協会、全国労働金庫協会）と金融機関（ゆうちょ銀行、農林中央金庫、商工組合中央金庫）による自主的な勉強会（成年後見における預貯金管理に関する勉強会）が開催され、後見預金の推進にあたっての情報共有、論点整理、方策等についての検討が行われた。

第4節 後見預金の意義

関係者にとっての意義

　本人からみた後見預金の本質は、後見人の不正防止機能を具備することによって、本人の意見を尊重し、本人の暮らしの質の向上を図るために、本人の財産を安全かつ積極的に利用することにある。

　基本計画においては、「後見制度支援信託に並立・代替する新たな方策を金融関係団体や各金融機関において積極的に検討することが期待」されることとなった。金融機関による後見預金の提供は、本人や後見人等の成年後見に関係するすべての者にとって、以下のような意義・メリットが認められよう（図表1－16）。

・本人・家族……成年後見を利用することになっても、いままで長年にわたって取引してきた金融機関の口座を継続して利用することができる。後見人の属性を問わず、不正の未然防止を図ることができる。

・後見人……財産管理の負担が小さくなる。後見事務の遂行にあたっては、身上保護に集中することができる。

・家庭裁判所・監督人……家庭裁判所においては、後見人による不正の未然防止を図ることができる。監督人においては、監督人事務の負担が減少し、身上保護面への支援が容易になる。

第1章　後見預金の登場背景　27

図表1-16 関係者にとっての後見預金の意義

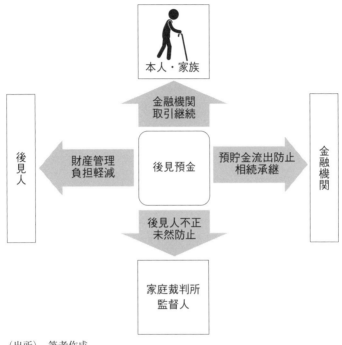

(出所) 筆者作成

・金融機関……特に地域金融機関にとっては、後見制度支援信託への預貯金流出防止となる。後見利用時の本人や家族の安心度が高まることによって、取引の継続性確保につながる。高額な預貯金である成年被後見人の事案を複数抱える専門職との後見人取引の推進も期待できる。後見開始前の高齢預金者のニーズに応えるべく、日常金銭管理のサービス提供等との連携や、家族信託や相続承継といったビジネスへの足がか

りをつくることができる（詳細は第5章参照）。

成年後見制度にとっての意義

基本計画の柱である地域連携ネットワーク構築のねらいは、本人の見守りや、後見人支援をチームで対応することによって、本人の意思決定支援・身上保護を重視した後見活動を実現することであるが、同時に後見人の不正を未然に防止するという効果も期待されている。後見預金は、後見人不正の未然防止に寄与する手段の1つと位置づけられる。

後見人の職務は、一般的に、身上保護と財産管理に大別されるが、家庭裁判所の監督は、身上保護よりも、財産管理に比重を置いた運用となっている。後見人の財産管理業務の監督強化を図るため、身上保護面では最も望ましいと思われる家族や親族が後見人から遠ざけられる一方、専門職後見人の選任が優先されたり、監督人の選任か後見制度支援信託の活用かの選択を迫られることを余儀なくされている。

金融機関が後見預金の提供をきっかけに、本人の財産管理に寄与するサービスを金融ビジネスのなかに取り込むことによって、従来、後見人が担ってきた財産管理機能の多くを、金融機関が担う体制の構築につながる（金融機関は、積極的に地域連携ネットワークとの連携を図ることが望まれる）（図表1－17）。その結果、後見業務や後見人監督業務は、おのずと身上保護に比重が置かれることとなり、後見人の選任段階においても、財産管理面よりも、身上保護面がより重視されることが期待される。後見預金の提供は、単に後見人不正防止機能を果たすばかりで

第1章　後見預金の登場背景　29

図表1－17　後見機能の分解と配分変更

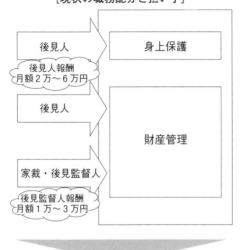

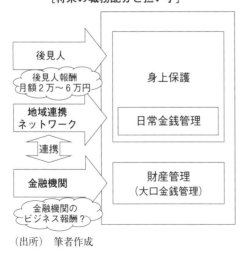

（出所）　筆者作成

なく、成年後見制度の利用促進に欠かすことのできない重要な機能の提供であり、金融機関にとって後見ビジネスという新たなビジネス領域の開発の起点となるのである。それは、監督人に依存しない運用体制の実現につながり、監督人報酬負担を減らすことにもなる。特に資力の乏しい者にとっては、大きな福音となり、行政・福祉関係機関から大きな感謝を受けることにもなろう。

　金融機関による後見預金の提供体制が整備・普及された状態になれば、成年後見制度の利用にあたっては後見人が専門職か親族かを問わず、また、財産額の多寡を問わず、必ず後見預金の利用検討が求められるような運用にしていくべきだと考える。

第 2 章

後見預金のスキーム

第 1 節　後見預金に求められる機能

　現状、後見預金に求められているのは、後見人不正防止機能（の担保）である。金融機関は、後見人不正防止のために、どのような機能を担保することができるのか考えてみたい。

　そもそも、後見人が預貯金から払出しを行う目的は、なんらかの商品・役務の購入の対価である支払債務を履行するためである。しかし、商品・サービスの購入の必要性、妥当性、合理性のチェックを適切に行うことは、第三者である金融機関にとってはきわめて困難なことである。たとえば、介護を要する本人のために、後見人が介護ベッドを用意する場合を考えてみよう。一般的に、要介護者にとって、介護ベッドは必要なものであるが、価格も数万円から数十万円のものまでさまざまである。後見人は、介護関係者と相談のうえ、本人の症状にあわせて介護ベッドを選ぶことになるが、介護ベッドはレンタルすることも可能である。本人の症状や財産状況に照らして、そもそも介護ベッドを購入する必要があるのか、購入する場合でも機能面で妥当なのかといったことを総合的に判断したうえで、後見人は購入するかどうかを決定することになる。どの介護ベッドを選ぶか、介護ベッドを購入するか否かについては、一般的には後見人の裁量権の範囲と考えられるが、日常的に本人の見守りを行っている者や、ケアマネジャーやホームヘルパー等の介護職等が、必要性、妥当性、合理性の検証の役目を果たすこ

34

とが望ましい。それはまさに、これから構築されようとしている地域連携ネットワーク（特にチームによる対応）とその中核となる機関（以下、中核機関）の重要な役目でもあろう。本人との間で顔のみえる関係をつくってきた地域金融機関は、地域連携ネットワークの重要な一員であることから、できれば、商品・サービスの取引先への裏付検証や中核機関との連携を行うことが望まれるが、反復継続・大量取引の業務を前提とする金融機関がこのような機能まで負担することは、現状ではきわめてむずかしいといわざるをえない。

図表2－1　財産管理における支払事由のチェックと役割分担

	支払事由と チェック内容	確認検証方法	役　割
必要性	商品・サービスの購入が、本人にとって必要かどうか	身上保護面での後見活動のチェックを、常時行っていない限り、金融機関が形式的に確認・判断することはきわめて困難	・中核機関・地域連携ネットワーク構成員 ・監督人 ・家庭裁判所
妥当性	商品・サービスの購入が、本人にとって妥当かどうか		
合理性	商品・サービスの購入が、合理性があるかどうか		
正当性	商品・サービスの購入金額に対して、口座からの払出金額は正当かどうか	取引金額制限・異常な預金移動の検知・エビデンス確認等	金融機関

（出所）　筆者作成

第2章　後見預金のスキーム　35

このように考えると、現状少なくとも、金融機関が果たしうる機能は、正当性の担保である（図表2－1）。金融機関は、後見預金の取組みにあたっては、日常生活費相当金額を超える払出しかどうかのチェック（一定期間における取引金額制限やアラーム設定など）や、後見人の支払事由に関するエビデンス等の確認を行っていくことは、金融機関に合理的に期待される注意義務と受け止めたうえで、後見預金の提供を含めて、どのような預金サービスに取り組んでいくべきかを検討していくことが望まれる。

第2節　後見制度支援信託との違い

　次に、後見預金と後見制度支援信託の違いについて整理して
みる。前述の正当性を担保できるのであれば、後見預金と後見
制度支援信託との間に大きな違いはないといえる。後見制度支
援信託の場合は、最低契約金額（1,000万円以上等）が設定され
るケースが多いことや、そもそも信託銀行は店舗数が少ない
（青森県、秋田県、山形県、岩手県、福島県、島根県、鳥取県、沖
縄県は信託銀行の店舗がない）等の点が指摘されることがある
が、それは預金と信託の違いというよりも、提供する金融機関
の形態等の違いと考えるべきであろう（図表2－2）。後見制度
支援信託は、事実上信託銀行等に限定されているのに対し、後
見預金は、基本的にどの金融機関でも提供されることが期待さ
れており、本人・後見人いずれにとっても、利便性の高いサー
ビスであるといえるだろう。

　両者の決定的な違いは、預金契約と信託契約という契約形態
である。後見預金を普通預金とする場合、基本的に入出金が自
由であり、決済機能を有するとともに、一般市民にとって最も
なじみのある、わかりやすい商品である。逆に信託は、預金と
違って、有価証券や不動産等、あらゆる財産を受託することが
できる。現行の後見制度支援信託は、預貯金しか対象としてい
ないが、広く本人の財産管理機能を提供するという視点に立て
ば、現行の後見制度支援信託は、まだ本来の力を発揮していな

第2章　後見預金のスキーム　37

図表２－２　後見制度支援信託との違い

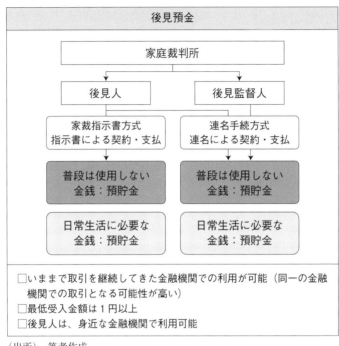

(出所)　筆者作成

いともいえる（詳細は第５章第４節「後見制度支援信託のポテンシャル」参照）。

　なお、後見制度支援信託の場合には、信託報酬がかかるという説明が散見されるが、社会全体に誤解されるおそれがある。信託報酬には、管理報酬と運用報酬がある。運用報酬というのは、信託銀行が受託者として運用を行っていくために必要とされる報酬のことで、そもそも金銭信託については、すべて運用

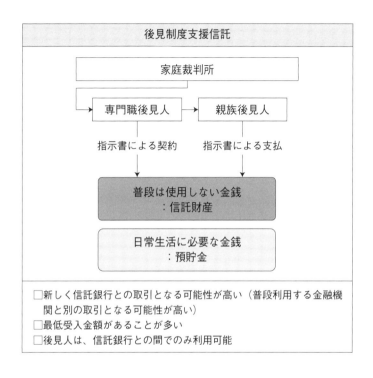

報酬がかかっており、信託法上明示されているにすぎない。後見制度支援信託だからということで、付加的に手数料を徴収されるのは管理報酬である。管理報酬がないケースでは、後見制度支援信託設定にあたり、別途の手数料等が要求されるわけではないので、構造的に、預金のほうが、コストが安い（信託のほうが、コストが高い）といった説明は誤りであることを指摘しておきたい。

第**3**節 後見預金の要件とスキームの考え方

　後見預金には、明確な要件が存在するわけではなく、「後見制度支援信託に並立・代替する」機能をもつ預貯金が求められているにすぎない。後見預金とは、わかりやすくいえば、成年後見人が単独で入出金できないようにカギで封印した特約付預金のことである。カギのかけ方には、支払注意登録等の方法が考えられる一方、カギの開け方には、家庭裁判所の指示書発行や成年後見監督人等との連名による署名・捺印等、家庭裁判所や成年後見監督人等を関与（同意・承諾）させる方法が考えられる。そこで、以下の３つの要件を満たすものであれば、すべて後見預金と呼んでさしつかえないと思われる。後述する実例では、後見支援預金や後見制度支援預金等の名称が使われているが、本書ではすべて後見預金と総称する。

① 　成年後見人が、当該預金の取引（特に払出し）において、成年後見人単独では取引ができないこと

② 　成年後見人が取引（特に払出し）を行う場合には、家庭裁判所や成年後見監督人の関与（同意・承諾）を必要とすること

③ 　預金の商品性・要件等の内容について、家庭裁判所へ連絡・相談すること

　そもそも後見事案には個別事情があり、それをふまえて、後見人の監督のあり方（監督人を選任するか否か）も決まる。後見

40

事案の個別性に鑑みれば、後見預金のスキームは、単一である必要性はなく、むしろ複数のバリエーションが存在するほうが、家庭裁判所にとっても望ましいものといえる。

そこで、上記要件に沿って、具体的なスキームを考えてみる。まず、上記要件①：成年後見人単独取引の制限に関しては、本人の預金口座の全取引を対象とすることも考えられるが、日常的な預金の払出し、たとえば、生活費の払出しや公共料金の支払等まで、成年後見人が単独で取引できないとなると、かえって利便性を損なう。そこで、Ａ：取引金額に上限を設ける方法と、Ｂ：預金口座を分割する方法が考えられる。Ａの方法は、単純な仕組みにみえるが、１日当りの上限金額だけでなく、週・月単位での上限金額の設定等の潜脱防止策を考える必要があり、一定のITコストもかかる。実務的には、むしろＢの方法：口座分割のほうが対応しやすく、後述する実例では、すべて口座分割を前提としたスキームとなっている。

次に、上記要件②：家庭裁判所や監督人等の関与に関しては、Ａ：成年後見人手続＋家庭裁判所や監督人等による書面交付の方法と、Ｂ：成年後見人＋監督人等による協同手続の方法が考えられる（図表２－３）。どちらの方法も、家庭裁判所や監督人等との協議・連携が必要であり、金融機関だけでスキームを完成させることはできない。後見制度支援信託の実務に近いのは、Ａの方法：書面交付といえるが、両者の方法に優劣はない。地域の事情に応じて、またバリエーション確保の観点から、いずれも対応できるように準備を進めるとよいだろう。

第2章　後見預金のスキーム　41

図表2-3 スキームのバリエーション

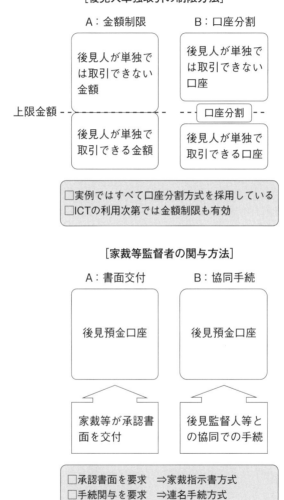

(出所) 筆者作成

次節以下では、すでに後見預金としてサービス提供されている実例を紹介しつつ、後見預金のスキームの解説を行う。また、上記要件③：家庭裁判所への連絡・相談方法については、次章において詳しく解説する。

第 2 章　後見預金のスキーム　43

第4節　家裁指示書方式

概　　要

　家庭裁判所や監督人等の関与の１つの方法は、家庭裁判所の指示書発行を利用したスキームである（本書では、これを「家裁指示書方式」と呼ぶものとする）。後見制度支援信託と同様、家庭裁判所に指示書を発行してもらうことで、後見人の不正防止機能を担保し、取引の安全性を高める。

基本的な口座開設・業務の流れ

　家裁指示書方式の契約の流れは、以下のとおりである。後見開始の審判申立ての後、家庭裁判所において、本人の財産調査を精査のうえ、後見預金の利用が適切であると判断した場合、成年後見人候補者に対して、後見預金の利用の検討を促す。すでに申立て時に利用意向がある場合には、家庭裁判所にその旨を申し出ることも可能である。選任された成年後見人は、財産調査を行うとともに、月次・年次の収支計画・後見支援計画を立てる。その結果、後見預金の利用が適切であると判断される場合には、日常的な金銭管理に必要な財産額およびそれ以外の財産額を決めたうえで、家庭裁判所に対して、後見預金の口座開設の申請を行う（図表２－４）。家庭裁判所が、後見預金の利用を適当と認めた場合には、後見人に対し、預金契約締結の指示書を交付する。後見人は、指示書を持参のうえ、後見預金（家裁指示書方式）の取扱いがある金融機関との間で、後見預金

図表2−4　家裁指示書方式（口座開設の流れ）

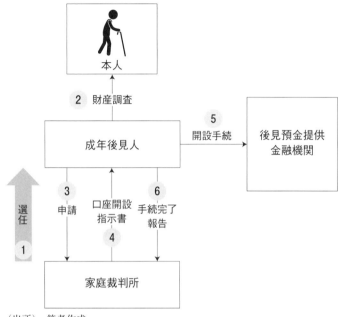

(出所)　筆者作成

口座の開設手続を行う。口座開設が完了したら、成年後見人は、その旨、家庭裁判所に報告する。家庭裁判所の指示書を要する取引は、口座の開設、入金（追加入金を含む）、出金（一時金払出し、定時払出しを含む）、解約である。

　一時的・臨時の資金不足により、後見預金口座からの一部払出しが必要となった場合の手続の流れは、以下のとおりである（図表2−5）。成年後見人は、家庭裁判所に報告書を提出し、家庭裁判所において審査を行う。家庭裁判所において、払出し

第2章　後見預金のスキーム　45

図表2-5 家裁指示書方式（払出しのスキーム）

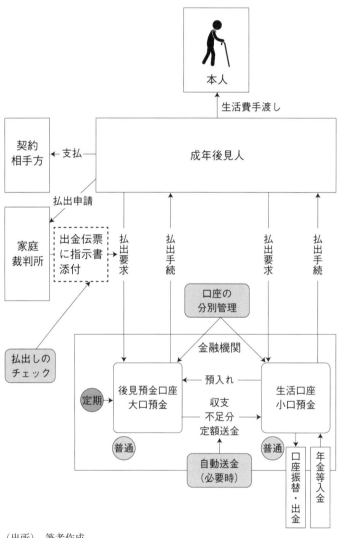

（出所）筆者作成

の申請が妥当であると判断した場合には、成年後見人に対して指示書を発行する。成年後見人は、指示書を持参のうえ、金融機関の取扱店において、指示書に記載の預金額の払出し・解約等の手続を行う。なお、月次の収支が経常的に赤字となることが明確であり、後見預金口座から一定金額の補てんが必要な場合には、家庭裁判所の指示書を得て、定時定額の自動送金を行うことも可能である。

商品概要

一般的に考えられる家裁指示書方式の商品概要は、以下のとおりである（図表2－6）。商品概要の詳細は、後見預金を提供する金融機関ごとに異なることが想定されるため、個々の金融機関の事例を紹介するのではなく、実例や一般的に想定される内容をふまえた解説を行う。

後見預金の契約者は成年後見人である。当初選任される成年後見人が親族か否かは、裁判官の専決事項となる（当初選任される成年後見人については、後述参照）。後見制度支援信託と並立・代替する預金サービスの提供の観点から、現状の実例では後見開始の審判を受けた本人（成年被後見人）の預金取引が対象となる（保佐・補助等、他の類型への拡張については、第4章を参照）。なお、未成年後見については、すでに後見制度支援信託が未成年後見を対象としていることに加え、未成年者が制限行為能力者であることや、未成年後見人がもつ代理権限の包括性等に鑑み、後見預金の対象とすることがおおむね妥当と考えられる。実例でも、現状では、すべての金融機関において、未

図表2-6　家裁指示書方式（商品概要）

		後見預金口座の内容	留意点
契約者		後見人	家庭裁判所の判断で親族または専門職
対象者		後見開始の審判を受けた者	保佐・補助・任意後見への拡張は検討課題
預金の種別		通常は普通預金	1,000万円以上の場合は決済用預金の併用も検討
預入金額		1円以上1円単位	
利　息		通常の預金金利	定期預金金利＋αなど金融機関の個別判断
預入方法		指示書提出	
払出方法		指示書提出	必要に応じて請求書等のエビデンスを確認
手数料		開設手数料・振込手数料	手数料の徴収は金融機関の個別判断
取扱店舗		原則として取扱店でのみ手続可能	
特約事項	口座振替	指示書に基づく一時払い・定時払いのみ	自動入金は原則不可
	マル優	なし	
	総合口座	なし	
	キャッシュカード	なし	

（出所）　筆者作成

成年後見を後見預金の対象としている。

　次に、預金の種別である。後見預金口座は、定期預金とすることも可能と考えられる。ただし、月次の家計収支が赤字となるため、後見預金口座から生活口座に、定時定額の自動送金を行う場合には、普通預金のほうが事務手続上便利と考えられる。生活口座が、他行の普通預金である場合には、なおさらである。したがって、現状の実例では、すべて普通預金が使われている。預入金額は、1円以上1円単位となる。現状の後見制度支援信託が、主に1,000万円以上の高額の財産を対象としているのに対し、後見預金の場合は、小口からの利用が可能であり、利便性が高いといえるだろう。逆に、1,000万円以上の預金の受入れを行う場合には、ペイオフとの関係から、決済用預金を併用することも考えられる。金利については、通常の普通預金と同じにせず、定期預金並みの金利を付与することも可能であり、実際にそのようにして、預金の獲得・流出防止を図っている事例もみられる。それについては、個々の金融機関における判断となろう。

　預入方法・払出方法については、いずれも家庭裁判所の指示書発行をもって入出金手続を行い、後見制度支援信託と同等の機能を保持することになる。

　取扱手数料については、後見預金がもつ社会貢献的な性質から、実例では、すべて無料となっている。ただし、後見預金口座から生活口座への自動送金手数料や、他行の生活口座への送金手数料を徴収するかどうかについては、個々の金融機関にお

ける判断となろう。なお、後見預金口座は、自金融機関に生活
口座がある場合には、生活口座と同じ店舗で口座開設を行い、
入出金等の手続については、合理的な事務遂行の観点から、生
活口座の取扱店とすることが妥当であろう。

　特約事項については、後見預金の性質上、自動引落し等の口
座振替は不可とすることや、マル優の適用なし、総合口座の取
扱不可等のほか、キャッシュカードは発行不可とすることが考
えられる。実例においても、そのような取扱いを行っているも
ようである。

当初選任される成年後見人について

　静岡家庭裁判所では、親族が成年後見人候補者となっている
場合、後見預金を利用するのであれば、親族後見人が当初より
選任され、成年後見人の職に就くという運用が行われている。

　一方、大阪家庭裁判所では、親族が成年後見人候補者となっ
ている場合でも、後見制度支援信託と同様、原則として専門職
が選任され、専門職後見人が後見預金契約の手続を完了後、親
族後見人に引き継ぐという運用が想定されている（例外的に、
当初から親族後見人が選任される可能性はある。千葉家庭裁判所お
よび山梨家庭裁判所の場合も同様となる）。これに対して、あら
かじめチェックリストを用意し、利用の要否の判断時に、家庭
裁判所の調査官調査により、特段の問題がない場合には、当初
より、親族が成年後見人として選任されるという代替案も検討
されているが、まだ決定には至っていないもようである。

　どちらのスキームも、家庭裁判所が指示書を出すことによっ

て、カギを開けるという点は同じである。法定後見の実務においては、後見人の選任は、裁判官の専決事項となっており、後見制度支援信託や後見預金の利用の要否についても、裁判官の判断に委ねられている（後見制度支援信託や後見預金の利用は義務ではないが、申立人側が、利用を拒否する場合、成年後見人の選任に影響を与えることや、成年後見監督人が選任される可能性が高まる）。当初、だれを成年後見人として選任するかは、基本的に家庭裁判所の判断ということであって、その意味で、静岡家庭裁判所と大阪家庭裁判所のスキームは同じと考えてよい（静岡家庭裁判所においても、後見預金を利用する場合であっても、必要に応じて、専門職後見人が選任されることもあれば、監督人が選任されることもある）。

　ただし、当初専門職が成年後見人として選任される場合、現状では、専門職に対する報酬が一定程度発生していることから（10万円あるいはそれ以上の場合もある）、当初から親族が成年後見人に選任されることを望むニーズは高いと思われる。事例の積重ね・蓄積を待って、より合理的な運用に収斂していくものと思われる。

特徴・メリット・デメリット

　家裁指示書方式は、後見制度支援信託と類似した事務の流れとなるので、導入時の準備が少なくてすみ、導入後の事務の流れもスムースである。金融機関にとっては、払出しについて、家庭裁判所が発行する指示書を免責の根拠にできるので、きわめて安全性が高い。指示書の偽造による払出しという問題も考

第2章　後見預金のスキーム　51

えられるが、いまのところ、問題は起きていないもようである（後見制度支援信託においても、偽造等の不正は起きていないとのことである）。

取扱事例

現在、家裁指示書方式による後見預金は、静岡家庭裁判所・大阪家庭裁判所・甲府家庭裁判所・横浜家庭裁判所・鳥取家庭裁判所・松江家庭裁判所・千葉家庭裁判所・東京家庭裁判所の8都府県の家庭裁判所において採用されている。

静岡家庭裁判所では、静岡県信用金庫協会との間で協議がまとまり（取扱金融機関は、同協会加盟の12金庫）、2017年7月から取扱いを開始している（具体的な経緯や金融機関名等の詳細は、次章第4節「金融機関の取組状況」を参照）。2018年3月からは、第二地方銀行協会との間でも協議がまとまり、静岡中央銀行において、取扱いを開始している。

また、大阪家庭裁判所では、大阪府信用組合協会との間で協議がまとまり（取扱金融機関は、同協会加盟の11組合のうち6組合）、2017年10月から取扱いを開始している（契約時の後見人選任における静岡家庭裁判所との相違点については前述）。

さらに、甲府家庭裁判所では、山梨県信用金庫協会との間で協議がまとまり（スキームは静岡家庭裁判所と同様）、2018年1月から取扱いを開始している（取扱金融機関は、同協会加盟の2金庫）。

なお、横浜家庭裁判所では、静岡家庭裁判所と静岡中央銀行の協議結果について、静岡家庭裁判所と情報共有を図るかたち

で、2018年3月から取扱いを開始している（取扱金融機関は、静岡中央銀行）。

そのほか、鳥取家庭裁判所および松江家庭裁判所においては、2018年3月から、各地の信用金庫協会との間で、それぞれ取扱いが始まっている（鳥取家庭裁判所では、鳥取県信用金庫協会との協議により、同協会加盟の3金庫で取扱い開始。松江家庭裁判所では、島根県信用金庫協会との協議により、同協会加盟の3金庫で取扱い開始）。

2018年度に入ってからは、4月、千葉家庭裁判所、甲府家庭裁判所において、各地の信用組合協会との間で、それぞれ取扱いが始まっている（千葉家庭裁判所では、千葉県信用組合協会との協議により、同協会加盟の3組合で取扱い開始。甲府家庭裁判所では、山梨県信用組合協会との協議により、同協会加盟の2組合で取扱い開始）。

さらに、6月から、東京家庭裁判所において、東京都信用金庫協会および東京都信用組合協会との協議により、それぞれ取扱いが始まった（東京都信用金庫協会加盟の24金庫で順次取扱い開始。また、東京都信用組合協会加盟の19組合のうち12組合で取扱い開始）。

第2章　後見預金のスキーム　53

| 第 5 節 | 連名手続方式 |

概　要

　家庭裁判所や監督人の関与のもう一つの方法は、成年後見人と成年後見監督人等が、連名で署名捺印することで取引を行うスキームである（本書では、これを「連名手続方式」と呼ぶものとする）。日常的に後見人を監督する立場にある成年後見監督人等が、支払の必要性等のチェックを行ったうえで、後見人と連名で署名捺印を行い、後見人の不正防止機能を担保し、取引の安全性を高める。

基本的な口座開設・業務の流れ

　連名手続方式の業務の流れは、以下のとおりである。後見開始の審判申立ての後、成年後見人と成年後見監督人が選任された場合で、成年後見人は、成年後見監督人立会いのもと、財産調査を行うとともに、月次・年次の収支計画・後見支援計画を立てる。その結果、後見預金の利用が適切であると判断される場合には、成年後見監督人に対して、後見預金の口座開設の申請を行う（図表2－7）。成年後見監督人が後見預金の利用を適当と認めた場合には、成年後見人に対し、預金契約締結の指示書を交付する。成年後見人は、指示書を持参のうえ、後見預金（連名手続方式）の取扱金融機関との間で、後見預金口座の開設手続を行う。口座の開設が完了したら、成年後見人は、その旨、成年後見監督人に報告し、成年後見監督人は、家庭裁判所

図表2－7　連名手続方式（口座開設の流れ）

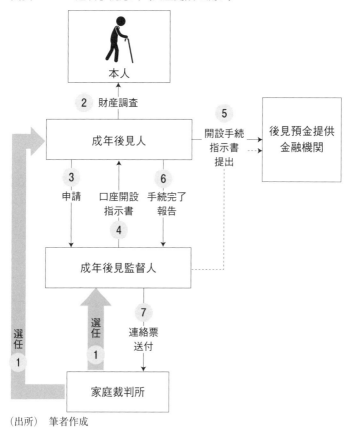

(出所)　筆者作成

に連絡票を送付する。成年後見監督人と連名による手続を要する取引は、口座の開設、入金（追加入金を含む）、出金（一時金払出し、定時払出しを含む）、解約である。

　一時的・臨時の資金不足により、後見預金口座からの一部払

図表 2 − 8 連名手続方式 (払出しのスキーム)

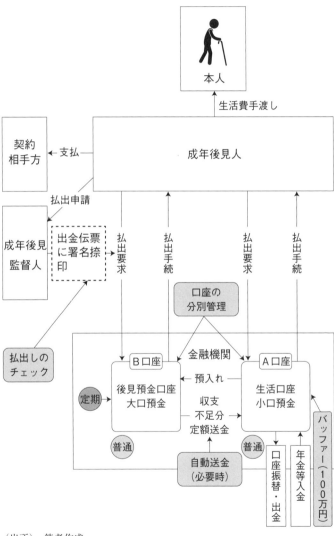

(出所) 筆者作成

56

出し・解約が必要となった場合の手続の流れは、以下のとおりである（図表2－8）。成年後見人は、成年後見監督人にその旨連絡し、成年後見監督人と連名で、後見預金口座からの払出し・解約の手続を行う。なお、月次の収支が経常的に赤字となることが明確であり、後見預金口座から一定金額の補てんが必要な場合には、成年後見監督人等の承認を得て、定時定額の自動送金を行うことも可能である。

商品概要

（成年後見監督人が選任される場合の）一般的に考えられる連名手続方式の商品概要は、以下のとおりである（図表2－9）。現状では、実例は1つにとどまるが、現状の実例をふまえつつ、一般的に想定される内容に沿ったかたちで解説を行う。

連名手続方式は、家庭裁判所が成年後見監督人を選任した場合または、複数後見人を選任した場合の利用が考えられる。成年後見監督人が選任される場合、後見預金の契約者は成年後見人と成年後見監督人である（預金者の名義は、成年後見人名と成年後見監督人名を並列で記載する）。成年後見監督人が選任されるか否かは、家庭裁判所裁判官の専決事項となる。後見制度支援信託と並立・代替する預金サービスの提供の観点から、現状の実例では後見開始の審判を受けた本人（成年被後見人）の預金取引が対象となる（保佐・補助等、他の類型への拡張については、第4章を参照）。なお、未成年後見については、すでに後見制度支援信託が未成年後見を対象としていることに加え、未成年者が制限行為能力者であることや、未成年後見人がもつ代理

第2章　後見預金のスキーム　57

図表2-9　連名手続方式（商品概要）

	後見預金口座の内容	留意点
契約者	後見人・後見監督人	
対象者	後見開始の審判を受けた者	保佐・補助・任意後見への拡張は検討課題
預金の種別	普通預金および定期預金	
預入金額	1円以上1円単位	
利　息	通常の預金金利	
預入方法	指示書提出＋連名手続	
払出方法	指示書提出＋連名手続	必要に応じて請求書等のエビデンスを確認
手数料	開設手数料・振込手数料	手数料の徴収は金融機関の個別判断
取扱店舗	取扱店でのみ払出し等の手続可能	口座開設は本人取引店と同じ店舗
特約事項	口座振替	指示書に基づく一時払い・定時払いのみ	
	マル優	なし	
	総合口座	なし	
	キャッシュカード	なし	

（出所）　筆者作成

権限の包括性等に鑑み、後見預金の対象とすることがおおむね
妥当と考えられる（実例となっている東京都品川区のスキームで

58

は、現状では、未成年後見は対象外としている）。

　次に、預金の種別である。後見預金口座は、定期預金とすることも可能と考えられる。ただし、月次の家計収支が赤字となるため、後見預金口座から生活口座に、定時定額の自動送金を行う場合には、普通預金のほうが事務手続上便利と考えられる。実例では、後見預金口座（実例ではＢ口座と呼ぶ）と生活口座（実例ではＡ口座と呼ぶ）をセットにすることを条件としており、自動送金は行わない（そのかわり、Ａ口座には、バッファーとして余分に100万円を残しておく）運用としている。またＢ口座は、普通預金のほか、定期預金も対象となっている。預入金額は、１円以上１円単位となる。現状の後見制度支援信託が、主に1,000万円以上の高額の財産額を対象としているのに対し、後見預金の場合は、小口からの利用が可能であり、利便性が高い点は、家裁指示書方式と同様である。1,000万円以上の預金の受入れを行う場合には、ペイオフとの関係から、決済用預金を併用することも考えられる（実例ではそこまでは行っていない）。金利については、通常の普通預金と同じにせず、定期預金並みの金利を付与することも可能であるが、この点は、個々の金融機関における判断となろう。

　預入方法・払出方法については、いずれも成年後見監督人の同意（連名による支払伝票への署名捺印および成年後見監督人の指示書を提出）をもって入出金手続を行い、後見制度支援信託と同等の機能を保持することになる。

　取扱手数料については、後見預金がもつ社会貢献的な性質か

ら、実例では、すべて無料となっている。ただし、他行の生活口座への送金手数料を徴収するかどうかについては、個々の金融機関における判断となろう。なお、実例では、後見預金口座（B口座）は、必ず生活口座（A口座）とセットとするため、店舗も同一店舗で口座開設を行うこととされている。B口座の入出金等の手続についても、取扱店のみの手続となる。

特約事項については、後見預金の性質上、自動引落し等の口座振替は不可とすることや、マル優の適用なし、総合口座の取扱不可等のほか、キャッシュカードは発行不可とすることが考えられる。実例においても、そのような取扱いを行っているもようである。

特徴・メリット・デメリット

連名手続方式は、家裁指示書方式と異なり、成年後見監督人の選任を前提とするスキームであるが、支払等のチェックを行うものは成年後見監督人でなくともよく、複数後見での活用にも転用が可能である。また、任意後見への拡張時の活用等、汎用性のある仕組みといえる。

連名手続方式では、成年後見監督人の日常的な監督機能の発揮がカギとなる。成年後見監督人が、地域連携ネットワーク・中核機関と連携を図り、本人の状況についてしっかり理解・把握するとともに、日常的に成年後見人の事務内容を把握していることが望まれる。

連名手続方式と家裁指示書方式を比較した場合、大きな優劣はないと考えられる。家裁指示書方式の場合は、家庭裁判所が

指示書を交付するため、金融機関にとっては、一定の安心感があると思われるが、家庭裁判所においては、身上保護の観点からのチェックには限界があると考えられるところ、連名手続方式の場合は、成年後見監督人が、日常的に身上保護の観点に踏み込んでチェックを行うことが可能であることから、家裁指示書方式よりも実質的に安全なスキームであるともいえる。特に、地域連携ネットワーク・中核機関が、チームによる後見人支援機能を発揮し、実質的な不正防止機能を働かせ、さらには財産管理のための専門機関としての機能を発揮できるようになっていくと、連名手続方式は相当な広がりをみせる可能性がある（中核機関による財産管理のための専門機関の設置については、第5章第6節「福祉×金融による成年後見事業の推進」参照）。

取扱事例

現在、連名手続方式による後見預金は、東京家庭裁判所において開始されている。

東京家庭裁判所では、東京都信用金庫協会および品川区社会福祉協議会との間で協議がまとまり（取扱金融機関は、さわやか信用金庫、芝信用金庫、湘南信用金庫、城南信用金庫、目黒信用金庫の5金庫）、2018年2月から運用を開始している。現状では、成年後見人：一般社団法人しんきん成年後見サポート、成年後見監督人：品川区社会福祉協議会の組合せでの利用が始まっている。今後、東京都内を中心に、その他の成年後見人や成年後見監督人にも広く認容されるスキームに広がっていくかどうか、実績や事例の蓄積をみて判断されることになろう。

第6節 ICTの活用

　前述の2つのスキーム以外に、あるいは2つのスキームを補完する仕組みとして、ICT（情報通信技術）の活用による後見預金のバリエーションが考えられる（図表2−10）。

　成年後見人単独取引の制限の観点では、たとえば、日・週・月・年単位での現金払出上限金額を設定しておき、その上限金額までは、後見人が自由に払出しをすることを可能とするかわりに、その金額を超える場合には、成年後見人が単独で払出しができないようにする方法が考えられる。アンチマネーロンダリングと同じように、AIの活用等により、異常な預金の動きを検知するような仕組みも考えられる。このような仕組み・機能は、特に小口預金の生活口座での活用が考えられる。

　現状では、成年後見人取引については、キャッシュカードの発行やインターネットバンキングの利用を認めない金融機関がみられるが、成年後見の利用件数の増加に伴い、後見人取引にも一定の利便性を確保する必要性が出てこよう。後見預金口座の取引の場合には、成年後見人にID・パスワードを付与すると同時に、成年後見監督人等にもID・パスワードを付与し、両者の適正な認証が与えられない限り、払出しができないようにすることも考えられる。さらに、法人後見の場合には、担当者と承認者双方にID・パスワードを付与する方法で、ダブルチェック体制を確保することが考えられよう。

図表2−10　ICTの活用

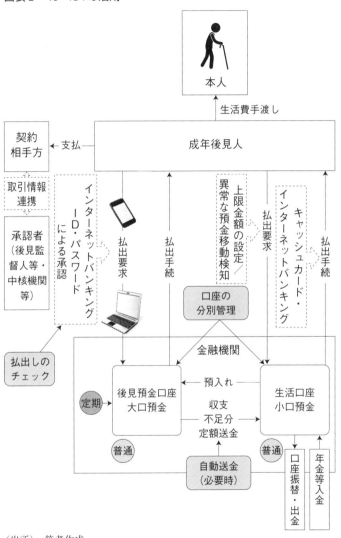

(出所)　筆者作成

さらに、成年後見人と取引先との間の契約段階にさかのぼって、成年後見監督人が契約内容を確認できるようにすることで、支払の正当性を担保するという方法も考えられよう。たとえば、成年後見人専用のクレジットカード等によって支払手続を行うたびに、契約情報が、成年後見監督人や地域連携ネットワークの中核機関に送付されるようになると、不正の抑止力につながることが考えられる。一定金額以上の取引については、成年後見監督人や中核機関から、金融機関に対して支払指図・承認情報が送付されてはじめて、後見預金口座での決済がなされるような仕組みも考えられる。これらは、昨今流行のフィンテックの技術を使うことも考えられると同時に、家庭裁判所や監督人に依存しない財産管理体制の構築に道を開くことにもつながると考えられる（詳細は第5章第5節・第6節参照）。

第 7 節　サービス開始に向けたタスク

　後見預金の導入に向けた金融機関の内部タスクについても触れておく（図表2-11）。

　後見預金は、新商品・新規業務とはいっても、基本的には、入出金手続等における特約が付与された普通預金というシンプルな商品性である。説明も容易で、顧客にも理解されやすい預

図表2-11　タスク一覧

タスク		内　　容
営業推進	方針決定	成年後見への取組方針、高齢者取引・相続承継ビジネスの方針の決定
	商品企画	商品概要の確定
	広報・マーケティング	パンフレット等の作成、ニュースリリース 自治体・社会福祉協議会・地域資源への案内 （特に法律専門職）後見人への案内、高齢者への案内
事　　務	顧客帳票	申込書の作成、預金規定の改定・特約書の作成
	事務手続	事務手続要領
システム		後見人取引登録、支払禁止登録、後見預金口座登録
家庭裁判所への連絡・相談		所属する業界団体との相談、家庭裁判所への申入れ準備

（出所）　筆者作成

第2章　後見預金のスキーム　65

金サービスである。また、当面は、すでに成年後見の利用が始まっている取引が対象となることから、取扱開始にあたっての準備・負担も比較的軽減されることとなろう。

前節までで説明した商品性・要件が決定したら、事務面では、顧客向けの約定書類・帳票等の整備（預金規定、商品概要説明書、申込書）や、事務取扱要領等の策定が必要となる。家裁指示書方式の場合は、家庭裁判所の指示書等のひな型を確認しておく必要があるため、連絡・相談を行う家庭裁判所に確認を行う。静岡家庭裁判所では、すでに裁判所のホームページにPDF版とワード版が用意されている（静岡家庭裁判所のひな型については、資料編参照）。

次に、システム面では、後見預金登録・支払禁止登録・後見預金口座であることのフラグ立ての確認や、自動入金拒絶等の機能が、現行システムで対応可能かどうかの確認を行う。ほとんどの金融機関においては、現行システムで対応がむずかしいといった問題はないと思われるが、入出金取引禁止登録の要件等については、確認しておいたほうがよいだろう。また、連名手続方式の場合は、連名での入出金取引となることから、印鑑届や印影登録も、連名での対応が必要となる。円滑な事務手続の観点からの見直し・対応準備も必要となろう。

広報・マーケティング面では、パンフレットの作成やニュースリリース等の準備が考えられる。後見預金を取り扱う意義や、後見預金をステップにして、高齢者取引をどのように位置づけて推進していくのか、成年後見に対する取組方針の確認

等、関連部署の巻き込みや、特に経営層の理解とリーダーシップが重要と思われる（次章第3節「取組方針とマーケティング」を参照）。

　上記のタスクを整理した後は、後見預金を、後見制度支援信託と並立・代替する預金サービスとして家庭裁判所に認識してもらう必要がある。特に、家裁指示書方式の場合は、金融取引現場における家庭裁判所の指示書の扱われ方等について、家庭裁判所の確認が必要である。家庭裁判所への連絡・相談の方法については、次章において解説する。

第 **3** 章

後見預金導入の進め方

第1節　家庭裁判所との連絡・相談における基本的な流れ

　後見預金のスキームが固まったら、取扱店舗の地域を管轄する家庭裁判所に確認してもらうことになる（図表3－1）。後見預金の利用は、裁判官の判断によることから、家庭裁判所ごとに確認をとる必要がある。したがって、まず連絡・相談を行う家庭裁判所を決めることになる。通常は、本店所在地がある都道府県を管轄する家庭裁判所に申し出ることになろう（家庭裁判所は、全国47都道府県に50カ所の本庁が置かれている。基本的に、本庁は、都府県に1カ所、北海道には4カ所置かれており、全国に支部が203カ所、出張所が77カ所置かれている）。なお、家庭裁判所側で商品性・要件を細かく確認する必要があるのは、家裁指示書方式の場合である。連名手続方式の場合には、家庭裁判所が成年後見監督人等を選任した場合等の利用であり、家庭裁判所が指示書交付のように直接後見事務に関与するわけではないので、連絡・相談を行う家庭裁判所に、後見預金導入の連絡を行えば足りると思われる。したがって、本章では、家裁指示書方式の場合を念頭に置いて解説を行う。

　まず、家庭裁判所との連絡・相談にあたっては、家庭裁判所は司法機関であり、公平性・中立性が求められることから、個々の金融機関との間で、商品内容の是非等について交渉することは相当ではないという点を理解しておく必要がある。ただし、電話や面談等のコンタクトが、まったくできないわけでは

図表3－1　裁判所への基本的な連絡・相談の流れ

調整・仲介する団体への連絡・相談	□後見預金の取組方針検討・スキーム構築 □金融機関は調整・仲介団体と事前に相談
調整・仲介団体から家庭裁判所へ連絡・相談	□調整・仲介団体は、金融機関のスキームを確認 □管轄の家庭裁判所へ連絡・相談
家庭裁判所・最高裁判所において確認	□連絡・相談を受けた家庭裁判所は、最高裁判所と連携のうえ、後見預金のスキーム等を確認
家庭裁判所からの問合せ対応	□家庭裁判所からの確認・問合せ・指示には、調整・仲介団体が対応 □確認・指示事項に対して、金融機関は、調整・仲介団体を通じて回答
家庭裁判所から調整・仲介団体を通じて通知	□通知に関する書類や協定書等は交付されない □ニュースリリースを出す場合には、家庭裁判所へ事前に連絡が必要

（出所）　筆者作成

ない。

　家庭裁判所は、原則として都道府県単位で設置されていることから、都道府県単位の調整・仲介機能を担う団体が、家庭裁判所と具体的な協議を行うことが相当である。また、都道府県

単位の団体が調整・仲介機能を果たすことがむずかしい場合には、ブロック別の団体や、全国の団体が担うことが相当となろう。調整・仲介団体は、たとえば、信金業界や信組業界であれば、各都道府県に設置されている全国信用金庫協会や全国信用組合中央協会が考えられる。また、地銀業界であれば、全国地方銀行協会や第二地方銀行協会が考えられる（図表3-2）。適当な調整・仲介団体がない場合、あるいはわからないという金融機関の場合は、全国銀行協会ということも考えられるが、現状では、最高裁判所（家庭局）に相談することが妥当であろう。また、調整・仲介団体が、どの家庭裁判所と連絡・相談すればよいか判断に迷う場合にも、最高裁判所（家庭局）に相談することになろう。後見預金は、昨年から徐々にスタートしたところであり、金融機関と家庭裁判所の間における連絡・相談ルートについては、ケースバイケース、試行錯誤がみられるところである。後見預金を導入しようとする金融機関が、多くの都道府県に店舗を有する場合や、持株会社形式で経営を行っているような場合には、判断に迷うような場面が出てくることも想定される。判断に迷うような問題が発生した場合には、まずは最高裁判所（家庭局）へ相談することで、円滑な運営につなげることができるだろう。

　調整・仲介団体を通じて具体的な申入れを行う場合、個々の金融機関において準備した預金スキームの概要がわかる資料等を提出する。家庭裁判所から、必要な資料の提出依頼がある場合や、質問を受ける場合には、そのつど、調整・仲介団体を通

図表3-2　後見預金の基本的な運営体制（連絡・相談のスキーム）

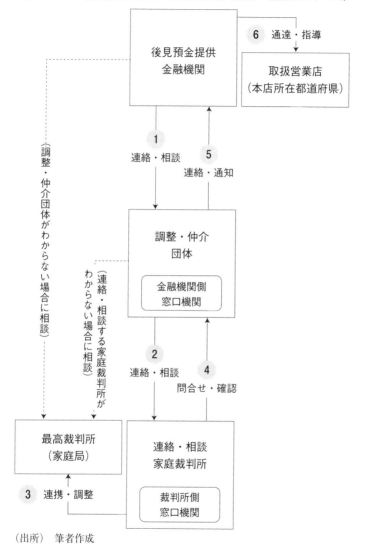

(出所)　筆者作成

じて指示に従う。家庭裁判所のほうでは、必要に応じて、最高裁判所（家庭局）との間で、連携・調整を行い、預金の商品性・要件について確認を行う。確認結果は口頭のみで伝えられるため、提携書面等は存在しないが、ニュースリリース等を行う場合は、事前に内容等についての確認を求められる。預金スキームの内容は、個々の金融機関が自由に決めることが前提である。裁判所としては、個々の金融機関の創意工夫による積極的な取組みを歓迎しており、結果、複数のバリエーションをもった後見預金が登場することが期待されている。

　新たに後見預金のスキームを追加したい場合や、現状のスキームの変更が必要となった場合の手続は、当初連絡・相談を行ったときと同様である。調整・仲介団体を通じて、当初連絡・相談を行った家庭裁判所との交渉を進めればよい。

第2節　複数の都道府県に店舗がある場合

　前述のとおり、金融機関が後見預金の取扱いを始める場合には、通常は、重要な営業地域、たとえば本店所在地がある地域を管轄する家庭裁判所との間で交渉を行うことになると思われるが、金融機関は、必ずしも1つの都道府県内にすべての店舗が存在するわけではない。また、後見預金の進め方に対する現状での裁判所の方針は、全国一斉に同一の預金サービスを展開していくというスタンスではない。したがって、複数の都道府県にある各地の店舗において後見預金の取扱いを始めたいという場合には、家庭裁判所ごとに、後見預金の取扱いの連絡・相談を行わなければならないとなると、金融機関・家庭裁判所双方に負担がかかる。

　そこで、複数の都道府県に店舗がある場合には、金融機関および調整・仲介団体は、当初連絡・相談を行った家庭裁判所に対して、他の都道府県にある店舗でも、同様の商品スキームで後見預金の取扱いを開始したい旨を申し出ることとされている。したがって、わざわざ、他の都道府県の調整・仲介団体を通じて、あらためて連絡・相談を行う必要はない。当初連絡・相談を受けた家庭裁判所は、最高裁判所にその旨を伝え、最高裁判所において該当する家庭裁判所へ周知することになろう（静岡中央銀行が、神奈川県内の店舗について取扱いを始めた場合の参考事例は、図表3－3参照）。なお、広域の都道府県のブロッ

第3章　後見預金導入の進め方　75

図表3-3 複数の都道府県に店舗がある場合(静岡中央銀行のケース)

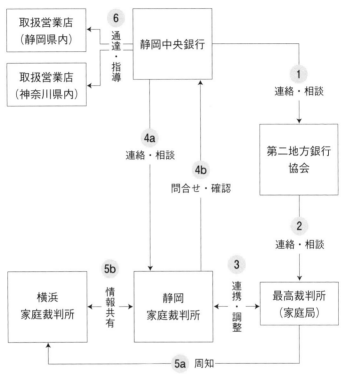

(出所) 筆者作成

クをカバーする調整・仲介団体がある場合には、当該団体を通じて、管轄エリアの家庭裁判所と連絡・相談することも十分可能である(大阪府の近畿産業信用組合は、近畿信用組合協会を通じて、近畿地方の店舗における取扱いを開始している)。これは、取扱店舗を順次増やしていく場合にも、同様の方法となる。むろ

ん、他の都道府県の店舗で、後見預金の取扱ニーズがない、または小さいと考えられる場合には、その店舗では後見預金の取扱いをしないとすることもさしつかえない。

第3節 取組方針とマーケティング

後見預金をどうやって普及させていくか、取組方針とマーケティングの観点からの考察も行っておきたい。

後見制度支援信託への預金流出防止という観点から、後見預金導入に取り組む地域金融機関は少なくないだろう。一方、預貸率が下がり続けるなか、預金流出にさほど危機感を感じないとの考えをもつ金融機関もある。特に、マイナス金利の影響もあって、一向に利鞘が改善しないため、預金取引しかない顧客の収益性について悩む金融機関もあるだろう。

さらに、成年後見制度がさほど普及していない環境下、後見預金を推進することに意味があるのか、また、後見預金マーケットがどれくらいあるのか、懐疑的な金融機関もある。2017年12月末における成年後見利用者約21万人のうち、約8割の17万人弱が後見類型である。裁判所からの公表資料がないため、正確な数字は不明だが、成年後見の利用者には生活保護者や生活困窮者もあることから、後見預金の利用対象者となる後見類型の利用者本人の平均預貯金額を仮に500万円とすると（後見制度支援信託の利用者の平均預託額は、約3,200万円である）、後見類型利用者全体の預貯金額は、約8,000億円（16万件×500万円）となる（仮に平均金額が1,000万円なら、約1兆6,000億円）。現状では、きわめて大きなマーケットとはいえないが、今後、成年後見制度が普及し、成年後見制度すべての類型で後見預金が活

用され、成年後見の利用にあたっては、必ず後見預金を利用するといった運用に進んでいけば、数兆円から数十兆円に及ぶマーケットとなる。高齢者や障害者の多くが成年後見、特に任意後見を利用するような社会が到来することを見据えて、成年後見を利用する前の財産被害防止に対する普及啓発とサービス提供を用意し、トータルで相続承継ビジネスにつなげていくことが金融機関にとって大きなねらいになるといえる。

　後見預金は、一義的には、後見人の不正防止機能、財産隔離機能を担保するものであるが、そもそも成年後見制度とは、後見人にお金を使わせないようにする制度ではなく、犯罪による詐欺等の金銭搾取や、後見人による不正を排除し、本人が自分の望むことや、日々の暮らしを楽しく送るためにお金を使えるようにする制度である。金融機関はお金に関するプロであるならば、後見人が後見支援プランを立てる場合のファイナンシャルプランニングや、特に高齢者本人が元気なうちから、自分の相続や承継に向き合い、自分のお金の使い道・残し方について積極的な自己決定を行うこと、すなわちライフプランニングの相談に乗ることが求められよう。

　後見預金は、多額のコストをかけずに準備・提供することが可能な仕組みであり、自治体・社会福祉協議会、ケアマネジャー等の介護関係者、法律専門職等のあらゆる成年後見関係者から特に大きな期待をされている地域金融機関は、早急に対応するべきものと考えられる。基本計画においても、後見人の不正防止は、地域連携ネットワーク全体で取り組むべき問題で

あると指摘されている。特段の理由もなく、後見預金を用意しない金融機関は、地域連携ネットワークから、高齢者や成年後見利用者の預金保護に消極的な金融機関であると受け止められるおそれもあろう。

　後見預金の周知については、まず、成年後見の利用が始まっている成年後見人宛てに案内を送ることが考えられる。特に、法律専門職後見人の場合は、後見制度支援信託の利用を求められてこなかったケースもあり、後見預金の有望な対象先である。財産管理権を有する後見人には、善管注意義務が課されている。不適切な管理のため、盗難等の財産被害にあい、本人に損害を与えた場合には、後見人に損害賠償責任が生じる。そのため、一部の法律専門職からは、金融機関に対して後見預金のサービス開始を促す動きもみられる。

　いったん後見制度支援信託に流出した預金が、後見預金のかたちで戻ってきたケースもすでに確認されている。信託銀行の支店が後見人の近くには存在せず、手続が不便であるという場合には、後見制度支援信託を解約して、後見預金に移すケースも十分考えられる。

　一方、後見ニーズのある高齢者や障害者、その家族には、成年後見制度の安全な利用が可能であることを広く普及することが考えられる。後見預金の利便性・安全性をPRすることで、将来の後見利用を見据えて、他行からの預替えを推進していくことが考えられよう。

第4節 金融機関の取組状況

　前章において、後見預金の取扱い事例の紹介を行ったが、あらためて金融機関の取組状況について整理しておく（図表3-4）。

　後見預金の取組みでは、信金業界が先行して始まった。城南信用金庫では、2014年から、高齢者向け総合サポートサービス「いつでも安心サポート」を提供してきたが、サービス拡張の一環として、2017年3月より、「城南成年後見サポート口座」の取扱いを開始した。預金口座を大口預金と小口預金に分離し、大口預金は、複数の後見人の署名捺印がなければ後見人単独では手続ができないものとした。これが連名手続方式の原型である。2016年の利用促進委員会（不正防止WG）においては、このサービスを拡張するかたちで、成年後見人と成年後見監督人との連名による手続が提案された。

　城南信用金庫や利用促進委員会の検討状況の動きに即応して、2017年7月、静岡県信用金庫協会と静岡家庭裁判所との協議をふまえ、同協会加盟の12金庫（磐田、遠州、掛川、しずおか、島田、静清、沼津、浜松、富士、富士宮、三島、焼津）が、家裁指示書方式による後見預金の取扱いを開始した（預金の名称は「後見支援預金」）。

　続いて、2018年1月、山梨県信用金庫協会と甲府家庭裁判所との協議をふまえ、同協会加盟の2金庫（甲府、山梨）が、家裁指示書方式による後見預金の取扱いをスタートさせている

第3章　後見預金導入の進め方　81

図表3－4　金融機関の取組状況

(2018年4月現在)

	政府の動き	信　金	信　組	第二地銀
2016年度		3月：城南信金「城南成年後見サポート口座」開始		
2017年度	4月：基本計画スタート 6月：「成年後見制度における預貯金管理に関する勉強会」開催	7月：静岡県内12金庫「後見支援預金」開始 1月：山梨県内2金庫「後見支援預金」開始 2月：東京都内4金庫・神奈川県内1金庫「成年後見サポート口座」開始 3月：鳥取県内3金庫「後見支援預金」開始 ：島根県内3金庫「後見支援預金」開始	10月：大阪府内6組合「後見制度支援預金」開始（現状4組合（開始）、2組合準備中）	3月：静岡中央銀行「後見支援預金」開始
2018年度		5月：沖縄県内1金庫「後見支援預金」開始 6月：東京都内23金庫・千葉県内1金庫「後見支援預金」開始	4月：千葉県内3組合「後見制度支援預金」開始 ：山梨県内2組合「後見制度支援預金」開始 6月：東京都内12組合「後見制度支援預金」開始	

（出所）　筆者作成

（預金の名称は「後見支援預金」）。

　一方、一般社団法人しんきん成年後見サポート（SKサポート、東京都品川区）の正会員である５金庫（さわやか、芝、湘南、城南、目黒）が、成年後見人＝SKサポート、成年後見監督人＝一般社団法人品川区社会福祉協議会の組合せとなる後見事案において、2018年２月から、連名手続方式による後見預金の取扱いを開始した（預金の名称は「成年後見サポート口座」）。

　さらに、2018年３月には、鳥取県信用金庫協会および島根県信用金庫協会において、各協会加盟の金庫（鳥取県は３金庫（倉吉、鳥取、米子）、島根県は３金庫（しまね、島根中央、日本海））が、後見預金の取扱いを開始している（いずれも家裁指示書方式。預金の名称は「後見支援預金」）。

　直近の６月には、東京都信用金庫協会において、同協会加盟の24金庫（朝日、足立成和、青梅、亀有、興産、小松川、西京、さわやか、芝、城南、城北、昭和、巣鴨、西武、世田谷、瀧野川、多摩、東栄、東京、東京三協、東京シティ、東京東、目黒、東京ベイ）が、後見預金の取扱いを開始している（いずれも家裁指示書方式。預金の名称は「後見支援預金」）。

　信組業界でも、信金業界に続く動きが積極化している。2017年10月、大阪府信用組合協会と大阪家庭裁判所との協議をふまえ、同協会加盟の11組合のうち６組合（大阪貯蓄、近畿産業、成協、大同、のぞみ、ミレ）が、家裁指示書方式による後見預金の取扱い開始を発表した（預金の名称は「後見制度支援預金」。2017年10月に取扱いを開始した近畿産業信用組合を皮切りに、のぞ

第３章　後見預金導入の進め方　83

み、大同、成協の３組合が、順次取扱いを開始している。残る２組合（大阪貯蓄、ミレ）については、現在準備中）。

　なお、信組業界は、当面は、大阪家庭裁判所との間でスタートしたスキームをもって、業界全体で、全国に展開を図っており、各都道府県の信用組合協会を通じて、検討を進めている。この結果、2018年４月には、千葉県信用組合協会が千葉家庭裁判所と、山梨県信用組合協会が甲府家庭裁判所との協議をふまえ、各協会加盟の組合（千葉県は３組合（房総、銚子商工、君津）、山梨県は２組合（山梨県民、都留））が、家裁指示書方式の後見預金の取扱いを開始した。

　直近の６月には、東京都信用組合協会において、同協会加盟の19組合のうち12組合（東、共立、江東、七島、全東栄、第一勧業、大東京、東京厚生、東京都職員、中ノ郷、ハナ、文化産業）が、家裁指示書方式の後見預金の取扱いを開始している。

　信金・信組の両業界が先行するかたちで取組みがスタートしたが、地銀業界でも動きがみられる。第二地銀の静岡中央銀行は、2018年３月、第二地方銀行協会と最高裁判所との間の協議をふまえ、静岡家庭裁判所との間で取扱いをスタートさせた（家裁指示書方式を採用。預金の名称は、「後見支援預金」）。これまでの事例においては、複数の都道府県に店舗がある場合について、さほど大きな議論にならなかったが、同行の取組みは、取扱店舗が複数県（静岡県と神奈川県の両県）にまたがる最初の事例となった。後見預金の今後の展開に向けて、大きな意義が認められる。

第 4 章

成年後見制度全般への拡張

| 第1節 | 成年後見制度全般への拡張の意義 |

　現状の後見制度支援信託は、後見類型に限定した仕組みとなっており、これに並立・代替する預金サービスを提供するという観点から、現在の後見預金の実例でも、すべて後見類型に限定されたものとなっている（未成年後見についても対象となっている点は、前述のとおり）。現状では、成年後見制度の利用の約8割を後見類型が占めているが、残る保佐類型・補助類型および任意後見については、後見制度支援信託も後見預金も対象となっていない。そこで、残る3つの成年後見制度においても後見預金を利用できるよう、拡張していくことが望ましいのか、また拡張していく場合には、どのような課題があるのかを考える必要がある。

　本書執筆段階では、成年後見制度全般への拡張について、法的論点等について整理された学術論文等が見当たらないこともあり、本書では、法的な論点整理と検討課題を提示するにとどめ、今後の学界等における研究結果を待ちたいと考える（図表4－1）。

　後見人の不正は、必ずしも後見類型に限ってみられることではなく、保佐類型・補助類型および任意後見においても不正はみられるとのことである（ただし、9割以上は後見類型のもようである）。そこで、後見制度支援信託が、後見類型に限定されている理由について考えてみる。制度上、後見開始当初から法

86

図表4－1　成年後見制度全般への拡張時の課題

考慮すべきポイント
①包括的な代理権限の有無
　⇒代理権が法定で付与されている後見類型と、代理権付与の申請によって付与される保佐類型・補助類型、任意後見契約との間には差異がある（後見類型以外は、本人取引が可能である）
②本人の意思表示の必要性の考慮
　⇒保佐類型・補助類型は、保佐人・補助人の同意を得れば本人取引（開設・入出金・解約）が可能
③本人取引と後見人取引との均衡
　⇒（同意権付き）本人取引と、保佐人・補助人・任意後見人取引を比較した場合、権限行使の均衡はとれているか
④金融機関取引の態様
　⇒被保佐人・被補助人・任意後見契約本人との取引を拒む金融機関は少なくない

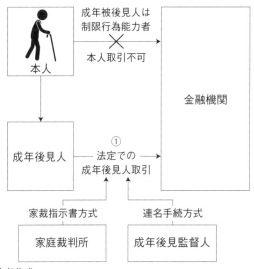

（出所）　筆者作成

定で代理権が付与されているのは、後見類型のみであり、保佐類型・補助類型の場合は、代理権付与の審判によって、個別具体的に代理権が与えられる。保佐類型の場合は、民法で定める重要な取引（預金の払出しや借入れなどは、重要な取引に該当する）については、保佐人に同意権が付与されている（民法第13条第1項）が、補助類型については、同意権付与の審判を行うことによって、個別具体的に同意権が付与される。つまり、保佐類型・補助類型（同意権付きの場合）いずれについても、保佐人・補助人の同意があれば、本人取引は可能である。代理権限付与の方法・あり方には、さまざまな態様が想定されるところ、それぞれの態様に応じた法的な整理がむずかしかったことから、商品設計上、画一的な処理をするようなスキーム構築に踏み込むことは避け、後見類型から制度をスタートさせることとした経緯がある。

　一方で、金融機関の現場においては、保佐類型・補助類型および任意後見の場合、本人取引を拒絶するケースが少なくない。これは、本人取引と後見人取引が並立することは、金融機関取引の安全性を損なうことや、無用のトラブルを避けるといった側面があろうかと思われるが、仮に、保佐人取引、補助人取引、任意後見人取引に一本化されたうえ、包括的な代理権限が付与されるとなると、事実上、包括的な代理権限を有する成年後見人取引と大差がなくなってしまう。そこで、保佐人取引、補助人取引、任意後見人取引においても、後見人の権限行使に対して、なんらかのチェック機能を設ける必要があるので

はないかとの考え方が成り立つ。

　そもそも、人が不正行為を行うに至る仕組みについては、機会（やろうと思えばいつでもできるという客観的事情）、動機（自分の望みや悩みを解決するには不正を起こすしかないという心情の主観的事情）、正当化（自分に都合のよい理屈をこじつけて不正を行ってしまう主観的事情）という３つのリスクがすべてそろったときに不正が発生するという、「不正のトライアングル」理論が広く知られている。これに照らして考えれば、成年後見の実務においても、後見人の不正は後見類型に限定される必然性はなく、保佐類型・補助類型および任意後見であっても、後見人が代理権限を有している場合には、すでに不正の機会は確保されていると考えるのが妥当であろう。事実、後見人の不正は、後見類型に限定的な問題ではなく、成年後見制度すべてにおいて発生している問題である。

　したがって、後見預金においても、方向性としては、保佐類型・補助類型および任意後見の場合に拡張していくことが考えられる。特に、任意後見の場合は、任意後見人が、契約自由の原則のもと、フリーハンドに権限行使をできるようにすることも可能なため、後見類型と同様、任意後見人の不正が起きる可能性は高いと考えられる（なお、任意後見の場合は、すでに「任意後見制度支援信託」が金融機関から提供されている。本章第４節「任意後見拡張時の検討課題」参照）。

　次節以降、保佐類型・補助類型・任意後見において、後見預金を適用する場合の検討課題について解説する。

第４章　成年後見制度全般への拡張　89

第2節 保佐類型拡張時の検討課題

　最初に、保佐類型への拡張時の検討課題について解説する。

　保佐類型の場合、金融機関取引については、保佐人に同意権が付与されているが、代理権については、代理権付与の審判によって定まることから、代理権あり・なしの2つの場合に分けて考えることになる（図表4－2）。

　代理権ありの場合は、①本人（被保佐人）は、保佐人の同意を得て、本人取引を有効になしうる一方で、②保佐人は、代理権目録に基づく代理行為を有効になしうることとなり、2つの取引方法がある。一方、代理権がない場合は、①本人（被保佐人）は、保佐人の同意を得て、本人取引を有効になしうるのみとなる。

　そこで、保佐人に代理権ありの場合には、後見預金のスキームを利用して、保佐人取引に一定のチェック機能をかけることが妥当と考えてよいかが問題となる。

　そもそも民法は、①保佐人同意付本人取引と、②保佐人取引を、同等の扱いとしておらず、原則として、本人（被保佐人）が自ら取引を行うことを想定している。本人の残存能力の活用の観点から、まずは、①保佐人同意付本人取引が可能かどうか検討され、②保佐人取引は、いわゆるオプションとしての位置づけとなる。この点は、後述する補助類型の場合も同様である。

図表4-2　保佐類型拡張時の課題

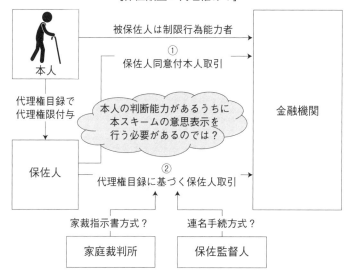

(出所)　筆者作成

第4章　成年後見制度全般への拡張　91

したがって、金融機関は、①保佐人同意付本人取引を拒む明確な法的論拠はないといえる。後見類型の場合であれば、本人（成年被後見人）は判断能力を欠く常況にある以上、意思能力なき契約は無効であるとして、本人取引を拒むことには一定の論拠があるといえるが（図表4－1）、保佐類型は、不十分ながらも、判断能力はあるものとされていることから、まずは、①の取引方法が検討されるべきである。本人取引と保佐人取引のいずれかに統一したいと考える金融機関は少なくないと思われるが、この点、金融機関側の方針・考え方も整理する必要があるだろう。

　仮に、本人が、①保佐人同意付本人取引をやめて、②保佐人取引に一本化するとの意思表示があった場合には、本来それを拒む必要はないようにも思われるが、その意思表示が、保佐開始の審判の申立てがあった後であるとすれば、判断能力が不十分なときになされた意思表示であることから、本人の意思決定支援を重視する立場から考えると、表示された意思は本人の真意なのかどうか、反論の余地があるところとなろう。同意権は、そもそも自らの行為能力を制限するものであり、同意権による法律行為を行うことは、自らの判断能力を補完することを選択することであるが、同意権付きの本人取引を放棄することは、より重大な権利制限を選択することになり、権利擁護の観点からも、非常に慎重な対応が求められる。

　なお、本人に十分な判断能力がある状況下において、②保佐人取引に一本化するとの本人の意思表示がなされた場合には、

92

有効な意思決定と考えられ、後見預金のスキームを利用した取引の余地があると考えられる。ただし、そのような場合を想定すると、実質的には任意後見を選択することとさほど変わらないこととなり、任意後見人を任せられる人がいる場合には、任意後見を選択するほうが合理的とも考えられる。ただし、本人が任意後見契約を希望しない場合もある。その場合は、法定後見開始を停止条件として、法定後見人単独による代理権限行使を制限するような特約を付した預金サービスを構築することは、十分可能と考えられる。

第3節 補助類型拡張時の検討課題

　次に、補助類型への拡張時の検討課題について解説する。

　補助類型の場合、金融機関取引については、補助人に付与されている権限はなく、代理権および同意権については、代理権付与の審判および同意権付与の審判によって定まることから、代理権あり・なしの場合と同意権あり・なしの場合を組み合わせた4つの場合に分けて考えることになる（図表4−3）。

　最初に代理権ありの2つの場合を取り上げて考えてみる。まず、代理権あり・同意権ありの場合は、①本人（被補助人）は、補助人の同意を得て、本人取引を有効になしうる一方で、②補助人は、代理権目録に基づく代理行為を有効になしうることとなり、2つの取引方法がある。一方、代理権あり・同意権なしの場合も、①本人は、補助人の同意を得ずに、単独で本人取引を有効になしうる一方で、②補助人は、代理権目録に基づく代理行為を有効になしうることとなり、2つの取引方法がある。すなわち、代理権ありの補助類型の場合には、4つの取引方法があることになる（図表4−3⑴）。

　そこで、補助人に代理権ありの場合には、後見預金のスキームを利用して、補助人取引に一定のチェック機能をかけることが妥当と考えてよいかが問題となるが、この点は保佐類型の場合と同様に考えることになる。

　したがって、金融機関は、①補助人同意付本人取引を拒む明

図表4−3 補助類型拡張時の課題(1)

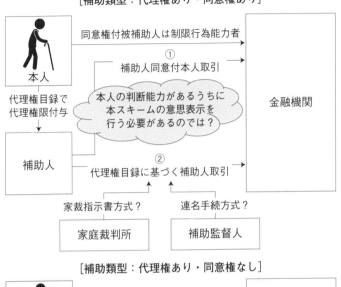

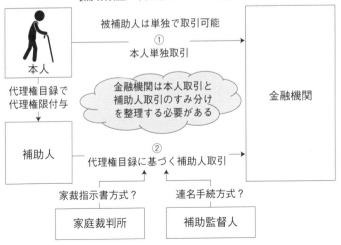

(出所) 筆者作成

図表4-3 補助類型拡張時の課題(2)

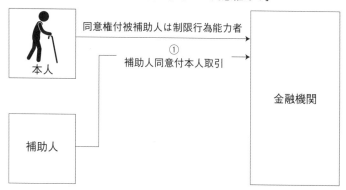

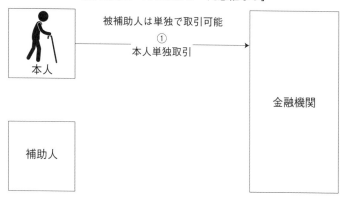

(出所) 筆者作成

確な法的論拠はないといえる。本人取引と補助人取引のいずれかに統一したいと考える金融機関は少なくないと思われるが、この点、金融機関側の方針・考え方も整理する必要があろう。

また、補助人に代理権あり・同意権ありのケースで、本人が、①補助人同意付本人取引をやめて、②補助人取引に一本化するとの意思表示があった場合も、保佐類型と同様の問題が起こる。ただし、本人の判断能力の程度は、著しく不十分とまではいえない程度のものと考えると、保佐類型とまったく同様の対応を要するとまではいえないかもしれない。なお、本人に十分な判断能力がある状況下において、②補助人取引に一本化するとの意思表示がなされた場合も、保佐類型と同様に考えればよいことになる。その場合もやはり、実質的には任意後見のケースと変わらないと考えられ、任意後見人を任せられる人がいる場合には、任意後見を選択するほうが合理的な意思決定とも考えられる。

特に問題が深刻なのは、代理権あり・同意権なしの場合である。同意権付与のない本人は、制限行為能力者ではなく、金融機関が本人取引を拒むことは重大な権利侵害に当たる。本人・補助人ともなんら制限を受けることなく、取引を行うことができるため、金融機関も対応はむずかしいと思われる。代理権あり・同意権なしのパターンは、実務的にも比較的よくみられるケースであるが、現場でも混乱がみられるところであり、店頭窓口をはじめとする現場職員に対しては、十分な教育が必要となろう。

第4章　成年後見制度全般への拡張　97

次に、代理権なしの2つの場合は、いずれも補助人には代理
行為は認められないことから、補助人取引に一定のチェック機
能をかける必要はなく、後見預金利用の検討余地はない（な
お、補助開始の審判にあたっては、代理権または同意権のいずれか
の権限付与が必要となるため、代理権なし・同意権なしとは、あく
までも金融機関取引の権限付与についての意味である）。

　従前より、日本弁護士連合会や公益社団法人成年後見セン
ター・リーガルサポート等の法律専門職団体から、全国銀行協
会に対して、過度な取引制限は行わないように申入れを行って
いるところでもあり、後見預金の取扱いをきっかけに、運用改
善が図られることを期待したい。また、実際に同意権付本人取
引を行ったことによって、現実にどのような問題が発生したの
か（またはしなかったのか）、金融機関側からも、積極的な問題
提起や報告を行っていく必要があるだろう。

第4節 任意後見拡張時の検討課題

　最後に、任意後見への拡張時の検討課題について解説する。

　前述のとおり、任意後見については、本人（本節では、任意後見契約者の委任者本人）に十分な判断能力がある状況下において、本人の意思で、金融機関との本人取引を行わず、任意後見人取引に一本化することや、さらには、自ら信認を与えた任意後見人であっても、重要な財産の権限行使にあたっては、一定の制約を設けることは可能と考えられる。この場合には、連

図表4-4　任意後見拡張時の課題

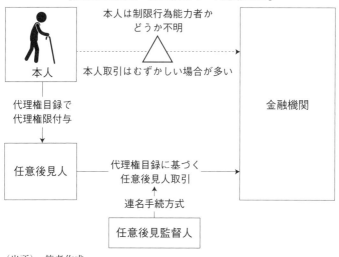

（出所）　筆者作成

第4章　成年後見制度全般への拡張　99

名手続方式による後見預金の適用が可能である（図表4－4）。

　任意後見監督人が個々の支払に関する同意を行うことや、連名による払出手続に関与することを確実に担保するためには、任意後見契約の締結時に、任意後見人の代理権限行使の特約事項を設ける（代理権目録の特約）という方策が確実である。ただし、金融機関側から契約内容について踏み込んだ要件を求めることが可能かどうかという実務的な問題はあろう。そこで、任意後見でも、複数の任意後見人を用意し、複数の任意後見人による署名捺印等の手続を行うことで、後見預金を活用することも考えられる。このように、任意後見の場合は、保佐類型や補助類型に比べて容易であり、すぐにでも拡張することが可能である。

　実例では、信託商品ではあるが、三井住友信託銀行が、2017年8月から取扱いを開始している「任意後見制度支援信託」が参考になる取組みである（図表4－5）。任意後見の効力発効後は、任意後見人は、付与された代理権限に基づき、代理権を行使するのであるが、特に重要な財産からの払出しに関しては、任意後見監督人の同意を求める特約を付与しておく仕組みである。後見預金の任意後見への拡張の信託版スキームといえる。

　任意後見は、特に移行型の場合（任意後見契約と同時に、見守り委任契約や財産管理委任契約を締結する方式。任意後見契約が発効するまでの間、任意後見受任者が、契約に従って、見守りや財産管理を行う。ほかに、即効型や将来型のタイプがある）、本人の判断能力が低下した場合であっても、任意後見受任者が、わざと

図表4-5 任意後見制度支援信託（スキーム）

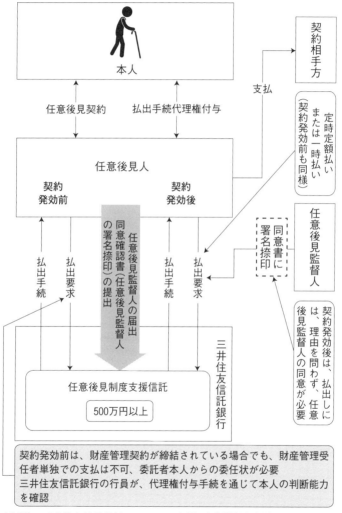

(出所) 三井住友信託銀行ホームページ「任意後見制度支援信託」より作成

申立てを行わず、受任者の立場のまま、権限を乱用する不適切な事例が発生していることが指摘されている。そこで、当商品では、任意後見契約が発効するまでの間は、信託財産の払出しの際には、受任者との間で財産管理契約を締結していたとしても、本人からの委任状を個別に提出してもらう方法をとっている。その際、行員が、必ず本人の判断能力の状況を確認するという手続を組み込むことで、不適切な権限行使を防止し、適切なタイミングでの任意後見監督人選任申立てにつなげるという後見ニーズの発見機能を担保している。このように、信託契約開始後から任意後見契約発効後まで、一貫して財産管理機能を強化し、監督機能を補完する商品設計となっている。

第 5 章

今後のサービス展開と将来の展望

第1節 機能・サービス拡張の方向性

　本章では、後見預金の今後のサービス展開と将来の展望について、筆者の考えを述べていきたい。

　後見預金は、信金業界や信組業界を中心に徐々に広がりをみせており、個々の金融機関に温度差や取組方針の差はあるものの、政府が定めた基本計画に沿って、金融業界全体に普及していくことは間違いないと考えられる。ほぼすべての金融機関において、後見預金のサービスが行き渡ったあかつきには、成年後見利用時には必ず利用の要否が検討される運用となり、成年後見制度の重要インフラとして確立されることとなろう。

　そこで、後見預金の今後の機能・サービス拡張の方向性について考えてみる。1つの方向性は、前章で解説したような、保佐類型、補助類型および任意後見への拡張である（図表5-1）。金融機関としては、まずは、ハードルの低い任意後見に拡張していくとよいだろう。

　もう一つの方向性は、高齢の預金者に対する成年後見利用開始前のサービスを展開していくことである（図表5-1）。後見預金は、現状では、後見開始後のサービスとして位置づけられることから、後見開始前のサービス展開に際しては、後見預金を後見開始前のサービスまで「拡張」するというよりも、むしろ後見開始前のサービスとの「連携」を図るという表現が適切かと思われる。

図表5－1　機能・サービス拡張の方向性

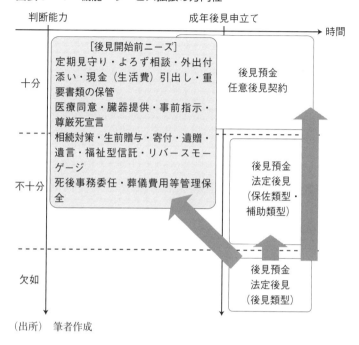

(出所)　筆者作成

　わが国では、判断能力が著しく低下して、追い込まれてから成年後見制度を利用する事例が多い。振り込め詐欺等の消費者被害、親族・知人等による金銭搾取・経済的虐待等は、本来、本人が、早期の段階から成年後見を利用していたら、そのような財産被害にはあわなかったであろう問題である。しかし、それが成年後見の問題としてとらえられていないところに、わが国の成年後見制度の利用促進にあたっての大きな課題がある。したがって後見開始後よりも、後見開始前の日常金銭管理や財

産保全の機能提供が重要である。

　早くから成年後見を利用すれば、自分の老後の安全を確保することはできるかもしれないが、後見費用がかかるうえに、後見人の不正も不安となる。逆に、判断能力がなくなってから利用すれば、後見費用は少なくてすむかもしれないが、後見開始前の外部者からの財産被害が不安となる。成年後見の利用が想定される高齢者や障害者、特に家族や本人支援を行う福祉関係者等は、どのタイミングで成年後見を利用すべきなのか、利用を逡巡していると考えられる。

　まだ自分は元気だと思っている高齢者に向かって、成年後見の必要性を説くだけでは、成年後見の利用促進や普及にはつながらない。そこで、成年後見開始前のサービス提供から入って、継続的に高齢者本人を見守る体制をつくることが有効である。まずは、高齢者自身が、成年後見の利用も含めて、穏やかな老後の暮らしを送るための安心確保や準備をすること、すなわち「繕活」が重要なポイントとなる。しかし、追い込まれるような事態が発生するまで、事前の準備や自己決定を先送りし、成り行き任せの老後を送る高齢者は少なくない。そこで、家族や周囲からの「気づき」を与えることが重要になる。

　成年後見の申立ての動機は、この18年間、「預貯金等の管理・解約」が常にトップの位置を占めてきた。金融機関が、忠実に本人確認を行ってきた証左であるし、金融機関は、それだけ顧客に対して大きな影響を与える存在ということでもある。金融機関は、小売業・サービス業と並んで、最も早く後見ニー

ズの発見に気がつく地域資源であり、地域から最も期待されている地域資源でもある。高齢者は、認知症になることへの不安以外に、相続やお墓のことには強い関心をもっている。円満な相続のためには、相続税対策を含め、方針決定から実行完了まで時間を要する。高齢者に寄り添い、高齢者が最も不安に感じている認知症や、お墓・葬儀等の相談に乗るところから始めて、後見開始前の金融サービスにつなげていくことが肝要である。

第2節　金融機関が取り組む財産管理保全サービス

　後見開始前の金融サービスについては、すでに、金融機関によるさまざまなサービス提供がみられるところであり、参考となる事例について、いくつか紹介したい。

信託銀行の取組み

　信託銀行では、委託者自ら単独で解約できない信託や資金使途に制限を設ける信託のサービス提供が始まっている。

　三井住友信託銀行では、2015年8月から、「セキュリティ型信託」の取扱いを開始している（図表5－2）。信託資金からまとまったお金を払い出す場合には、あらかじめ指定した同意者（三親等以内の成人の親族）の署名捺印が必要となる（毎月20万円までの定期的な払出しを除く）。主に、振り込め詐欺や金銭搾取等の財産被害防止を目的とした商品設計となっている。

　三菱UFJ信託銀行では、2016年6月から、「解約制限付信託（みらいのまもり）」の取扱いを開始した（図表5－3）。いったん信託をすると、有料老人ホーム等施設への入居一時金、10万円以上の医療費以外の用途での解約は、委託者だけではできなくなり、それ以外の事由で解約をせざるをえない場合には、あらかじめ定めておいた受益者代理人と同行が確認したうえで、解約に応じる。認知症高齢者等、判断能力が低下した委託者の保護には資する一方で、非常に拘束性の高い商品設計となっている。

図表5−2 「セキュリティ型信託」（スキーム）

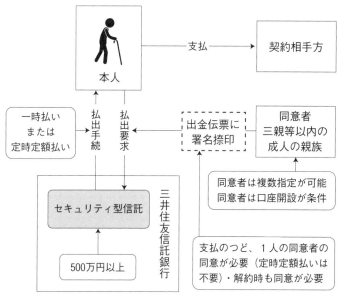

（出所） 三井住友信託銀行ホームページ「セキュリティ型信託」より作成

地域金融機関の取組み

　地域金融機関においても、超高齢社会における日常金銭管理の安全性を高めるサービス提供がみられる。

　静岡中央銀行では、従前より、他人名義の預金の払戻しには応じない等、トラブル防止を徹底する一方で、高齢の顧客に対して、親族等を預金取引の代理人とする制度を積極的に推進している。預金の代理取引というのは、非常にベーシックかつ、最も高齢者や家族からのニーズが高い取引であるが、相続発生後の親族間トラブルに巻き込まれるのを避けたいがためか、店

第5章　今後のサービス展開と将来の展望　109

図表5-3 解約制限付信託「みらいのまもり」(スキーム)

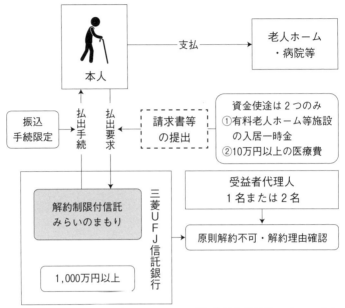

(出所) 三菱UFJ信託銀行ホームページ「解約制限付信託 みらいのまもり」より作成

頭窓口で使者・代理人との取引を行う場合には、委任状の確認だけでなく、電話等で預貯金者本人に確認を行う金融機関が多いようである。預金の代理取引の仕組みを進めて、堅固なものにすれば、上記の「セキュリティ型信託」の預金版という商品も考えられよう。

さらに、静岡中央銀行では、2014年10月から、「しずちゅう介護施設サポートサービス」の取扱いを開始している。同サービスのうち、入居者の預金管理においては、同行の預金口座を

図表5-4 施設入居時の金銭管理での活用

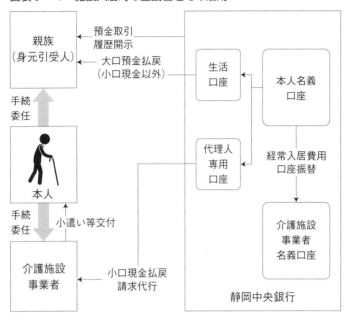

「しずちゅう介護施設サポートサービス」のポイント
■預金者本人（入居者）・親族等（身元引受人）・介護施設事業者・金融機関の四者契約
①入居後の経常的費用の支払は、銀行内の口座振替とする（現金の払出しは不可）
②現金の払出金額は、月間での上限額を定める（小遣い等に限定）
払戻手続は、施設の職員に委託し、限度額管理は施設と金融機関で行う
③大口預金の払出しについては、あらかじめ本人が委任した親族が行う
④親族が預金取引の履歴の開示を希望する場合、金融機関は親族に開示する
この点、本人は事前に同意する
⑤本人に相続が発生した場合、手続は相続人と金融機関の間で行う

(出所) 静岡中央銀行「しずちゅう介護施設サポートサービス　入居者の預金管理」より作成

利用することで、施設入居者が出金を希望し、施設側が代行手続する場合でも、施設と同行が相互チェックする仕組みである。施設入居時に、預金者本人（入居者）、親族等（身元引受人）、介護施設事業者、金融機関の四者間契約を締結し、運用ルールが明確化されていることから、施設側の手続負担と職員による横領リスクが軽減される結果になっている。この預金口座には、後見預金のサービスを転用することが可能と考えられる（図表5－4）。

　また、信金業界においても、顧客との顔のみえる関係を強みに、積極的な取組みがみられる。

　城南信用金庫では、前述のとおり、2014年から、高齢者向け総合サポートサービス「いつでも安心サポート」を提供している（図表5－5）。現金お届けサービスに始まり、相続時の預金払出し、遺言作成手続支援、任意後見契約受任者紹介等まで、13にわたる老後生活のサポートサービスを提供している。また、サービスの提供にあたっては、第2章および第3章で紹介した、しんきん成年後見サポート等の団体を活用し、サービスの役割分担を行っている。

　2016年12月の最高裁判所大法廷決定において、預貯金は、相続財産に含まれるとの判例変更が行われた。相続法の改正は、これからであるが、すでに判例変更が行われたことから、相続時の相続人への支払については、便宜払いを行ってきた地域金融機関は、実務上むずかしい舵取りを迫られている。葬儀費用や同居の配偶者の日常生活資金については、支払に応じる金融

図表 5 － 5 「いつでも安心サポート」サービス概要

サービス名	サービス概要
①現金お届けサービス	預金を引出しに行けない ⇒ 毎月 1 回自宅に現金を持参
②指定振込サービス	入院費用を振り込んでほしい ⇒ 突発的な振込ニーズに対応
③代理人サービス	手続をほかの人に頼みたい ⇒ 代理人による手続円滑化
④見守り定期積金サービス	毎月見守りに来てほしい ⇒ 集金時の見守り
⑤リバースモーゲージサービス	多額な資金が必要 ⇒ 自宅を担保に必要な資金を融資
⑥いつでも安心口座	相続預金が払い出せない ⇒ 相続発生時に指定者に迅速に払出し
⑦暦年贈与預金	非課税枠内で財産を贈与 ⇒ 暦年贈与の手続支援
⑧家族信託預金・融資	財産を円滑に引き渡したい ⇒ 民事信託の手続支援
⑨城南遺言・家族信託契約書お預りサービス	遺言書の保管が心配 ⇒ 公正証書遺言の預り保管
⑩「公正証書遺言作成お手伝い」紹介サービス	遺言書をつくりたい ⇒ 専門職紹介等による作成手続支援
⑪「遺言執行」紹介サービス	遺言の執行は確実にしたい ⇒ 遺言執行人の紹介
⑫「任意後見制度」紹介サービス	将来の財産管理が心配 ⇒ 任意後見契約受任者の紹介
⑬「有料老人ホーム」紹介サービス	介護施設入居したい ⇒ 介護付有料老人ホームの紹介

（出所） 城南信用金庫ホームページ「いつでも安心サポート」より作成

第 5 章 今後のサービス展開と将来の展望 113

機関が多いと思われるが、むずかしい判断を迫られるケースも増えてこよう。相続発生後の費用等の手続は、いわゆる死後事務とされ、後見人にとっても、やっかいな問題である。地域金融機関では、死後事務委任契約等によって、相続時の払出しに関する預金サービスの提供事例もみられ、今後も死後事務まで視野に入れた預金サービスや相続関連サービスの拡充を図っていくべきものと思われる。

第3節 後見開始前のサービスとの連携

　本節では、後見預金が、後見開始前の高齢者の金融ニーズに活用可能かどうかを考えてみる。

生活者の小口現金引出し

　体力の低下などによって行動範囲が限られる高齢者にとって、生活費に使う小口現金を引き出して、手元に届けてくれるサービスは、きわめてシンプルだが、高いニーズがあると考えられる。買い物弱者（買い物難民ともいわれる）の人数は、全国で700万人とも推計されているが、買い物に不便や苦労を感じる高齢者は、金融機関の店舗やATMに行くことも容易ではない。介護事業者や福祉関係者に、高齢者の金融ニーズについて尋ねると、「生活費の現金を下ろすのに、タクシーを使っている高齢者が目立つ。金融機関は、現金を届けてくれないのだろうか」という声をよく耳にする。

　現状提供されている後見預金は、成年後見人が単独で取引できる生活口座と、成年後見人が単独では取引できない後見預金口座に分割することによって、安全性と利便性双方を確保したサービスである。そこで、成年後見を利用する前において、この仕組みを応用し、生活口座から代理人専用の小口現金取引口座を分割することによって、依頼人本人のプライバシーに配慮する一方で、代理人取引の利便性を高めることが考えられる。

　たとえば、社会福祉協議会が提供している日常生活自立支援

図表5−6　日常生活自立支援事業等での活用

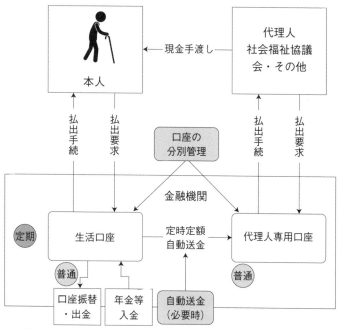

(出所)　筆者作成

事業においては、依頼人である高齢者や障害者等から通帳・印鑑等を預かり、現金を引き出して依頼人の手元に生活費を届けるサービスがある。しかし、依頼人からすると、自分の預金通帳の内容を知られてしまうことへの心理的抵抗感がある。そこで、代理人である社会福祉協議会の担当者に、代理人専用口座の通帳とキャッシュカードだけ渡せば、余計な個人情報をみせずにすむ。毎月、生活口座から代理人専用口座へ定時定額送金を行うことで、代理人は、決まった日に現金を払い出すことが

でき、プライバシーの保護にもつながる。日常生活自立支援事業のサービス向上には役立つと思われる（図表5－6）。

このような代理人専用口座は、親族代理人や地元NPO等が行う日常生活サポートサービスにおける現金引出し・お届けサービス、前述の「しずちゅう介護施設サポートサービス」における介護施設担当者による小口現金引出しサービスにおいても、有効な施策となろう（図表5－4参照）。

なお定時定額自動送金に関しては、月次以外の選択肢も考えられる。たとえば、年金の給付は、隔月（2・4・6・8・10・12月）15日と決まっているが、年金受給日のタイミングで現金を引き出すケースが多いと思われる。財産管理能力が不十分な者は、現金を手にするとすぐに使ってしまうことがあり、週次単位での現金交付が必要な場合もある。本人の生活が破綻をきたさないような財産管理サービスや、預金異動情報・支払明細情報からアラームを鳴らすようなサービスを金融機関側から提案すれば、地域の福祉関係者には大変喜ばれることとなろう。

振り込め詐欺防止等の対策

成年後見利用開始後の後見人の不正にも増して、後見開始前の第三者による特殊詐欺（振り込め詐欺、還付金詐欺等）に不安を感じる高齢者は少なくない。ここで、後見預金口座を、後見開始前に活用する方向性が考えられる。前述の「セキュリティ型信託」の預金版といえようが、自分の意思で、あらかじめ定めた親族等の同意がないと預金の払出しができないようにして

図表5－7　振り込め詐欺防止での活用

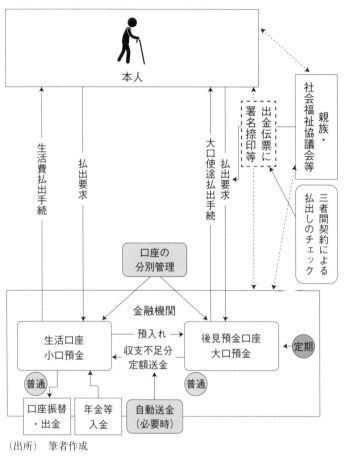

（出所）　筆者作成

おくことで、未然の犯罪防止に役立てることができる（図表5－7）。この場合、同意を得なければならない親族を複数にすることや、社会福祉協議会等の福祉関係機関や行政機関に関

与を求めることも考えられよう。

重要書類の保管サービス

通帳・キャッシュカードの紛失と再発行の繰り返しは、金融機関の現場における高齢者取引の困りごとの１つになっている。半年間で、このような申出を何度も繰り返すような高齢者は、認知症の疑いが濃厚である。このような場合の金融機関側の対応策としては、すみやかに家族や地元の地域包括支援センター等の支援機関に連携することが望まれるが、信頼できる第三者が、そもそも通帳や印鑑等を預かっておけば、認知症の早期発見につながるとともに、財産被害の防止にも一定の効果があるのではないかと思われる。

そこで、金融機関や社会福祉協議会が、認知症早期発見・成年後見の利用に特化した、通帳・印鑑・キャッシュカード等の重要書類を保管するサービスを、貸金庫よりも簡易で安価に提供することも考えられる。

財産管理権をもつ後見人は、重要書類を保管管理することも、財産管理権の一環として妥当なものと考えられているが、後見人の不正防止を考えた場合、支払等の代理権限を行使することと、通帳等の書類を常時保管することは別にすることも考えられる。前述の「不正のトライアングル」理論における不正の機会を奪うことにもなる（第４章第１節「成年後見制度全般への拡張の意義」を参照）。金融機関等、信頼に足る中立的な第三者機関が、後見人から重要書類を保管管理することは、財産管理権をもつ後見人の不正防止や、後見人の後見事務リスク軽減

にもつながるだろう。

相続承継ビジネス・任意後見・福祉型信託への誘導

まだまだ元気な高齢者に後見預金のサービスを紹介することで、成年後見に対する普及啓発や、老後の生活設計を考えるきっかけにしてもらうことが考えられる。それによって、相続遺言・福祉型信託・死後事務等に関するサービスの利用を促す

図表5-8 相続承継ビジネスへの誘導

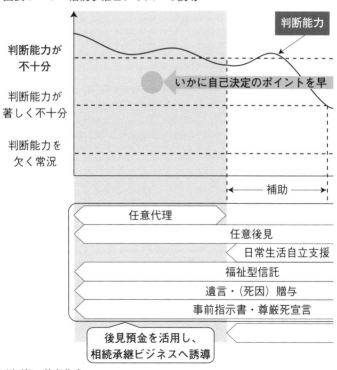

（出所） 筆者作成

こと、すなわち、相続承継ビジネスへ誘導することが肝要である（図表5－8）。法定後見（保佐類型および後見類型）の申立てにおいては、本人の同意の意思表示は不要であるが、委任・遺言・信託等の法律行為には、いずれも判断能力が十分ある間の本人の意思表示が必要である。本人が望むような暮らしを手に入れるばかりでなく、円満な相続承継を実現するには、本人が

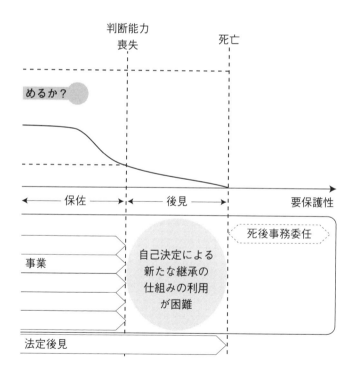

元気な間に、きちんと意思表示を行うと同時に、それを盤石な
ものにする機能が必要となる。その機能のなかで中核的な位置
を占めるのが、任意後見であり、福祉型信託となる。

　後見預金は、そのきっかけづくりであり、後見開始前のニー
ズの取込みが可能になる。後見開始前の日常金銭管理や、財産
保全管理サービス、さらには、死後事務に関心をもってもらう
ことから、成年後見、特に任意後見に関する理解を深めてもら
う。このとき、信頼できる任意後見の受任者を紹介できれば、
なお説得力をもつ。上記のような後見開始前の日常金銭管理
サービス契約を公正証書での契約にすれば、金融機関側も、代
理権の存在についての疑義がなくなると同時に、任意後見への
シームレスな移行が可能となってくる。

　任意後見を利用するうえで、忘れてはならないのが、福祉型
信託（家族信託ともいわれる）である。福祉型信託とは、年少
者、高齢者、障害者等を受益者として、財産管理や生活支援を
目的とする信託である。福祉型信託は、成年後見を補完し、成
年後見では実現できない本人・家族のための財産管理・承継機
能を有する制度である。任意後見が、本人の老後の暮らしを支
える制度であるのに対し、福祉型信託は、任意後見を補完し、
後見にはできない財産管理や資産承継を実現する。任意後見と
福祉型信託は、常に併用して活用することを念頭において、高
齢者にアドバイスを贈ることが肝要である。

第4節　後見制度支援信託のポテンシャル

　ここまで、後見預金の拡張・連携等の発展型について解説してきたが、一方の後見制度支援信託は、現状の商品性のままでよいのか考えてみる。

　現状の後見制度支援信託は、後見人不正機能の提供スキームにとどまっている。しかし、それならば、預金で代替可能であり、身近な金融機関でサービスを受けられるのであれば、後見人にとっても、むしろ預金のほうが便利である。また、後見制度支援信託は、相続発生時のトラブル発生リスクという法的な問題を抱えているのは、前述のとおりである（第1章第3節「後見制度支援信託の問題」を参照）。

　第2章第2節「後見制度支援信託との違い」で述べたように、預金と信託の大きな違いは、預金は預り資産が現金に限られるのに対し、信託はあらゆる財産が受託可能という点である。そのように考えると、後見制度支援信託は、受託財産を現金だけでなく、有価証券や不動産・重要な財産等に広げることが考えられる（図表5－9）。不正行為は、もっとも現金化しやすい預貯金が対象となりがちであるが、有価証券や収益不動産も同様のことが考えられるし、換価しやすい動産にいたっては、盗難や取引の証跡が残りにくいことを考えると、不正防止の必要性が高い財産といえる。

　本人が価格変動リスクのある有価証券や収益不動産を保有し

第5章　今後のサービス展開と将来の展望　123

図表5－9　後見制度支援信託の将来の方向性

	現　状	将来の方向性
受託財産	預貯金 不動産 有価証券・動産・その他資産	預貯金 不動産 有価証券・動産・その他資産
機　能	□不正防止機能・後見人支援機能	□不正防止機能・後見人支援機能 □財産管理機能・意思決定支援機能
成年後見制度の適用範囲	□法定後見（後見類型）	□任意後見

（出所）　筆者作成

ている事案では、価格変動リスクにどのように対応すべきか後見人が判断に迷うケースがある。本人の意思が明確な場合には、一義的には本人の意思を尊重する運用がなされるようであるが、本人の資産状況や、将来の支援計画をふまえ、家庭裁判所は、後見事務開始時に、後見人に資産の売却を指示する場合もある。従前の本人の意思が不明確な場合には、判断能力低下後の本人の意思表示をそのまま受け取ってよいのかどうか、後見人も判断できないケースが出てくる。そこで、本人に十分な判断能力がある状況下において、管理型の有価証券信託や不動産信託を提案していくことが考えられよう。収益不動産の場合

には、仲介する不動産事業者との交渉や、テナント管理等、手数がかかる事務もあるため、後見人にとっても負担になっていることから、相応のニーズがあると考えられる。

　任意後見では、任意後見人の財産管理負担軽減や相続問題解決を同時に実現していくことを目的に、任意後見契約と福祉型信託をセットで使う事例も増えている。後見預金が後見人不正防止を担当し、後見制度支援信託は福祉型信託における財産管理業務支援・後見事務支援型の信託へと軸足を移し、それぞれ役割分担するかたちになれば、現状の後見制度支援信託は発展的解消に向かうことも考えられるだろう。

第 5 節　後見事務の高度化と金融機関の役割

　後見人からみた後見預金の本質は、支払事務の透明化を図ることによって、財産管理機能の強化を担保することにあると思われる。

支払のキャッシュレス化と後見事務のアウトソース

　日常的な生活費用の支払を除けば、後見人が行う支払・決済については、キャッシュレス化の方向に向かうことが望ましいと考えられる。現在、後見人はインターネットバンキングが利用できない金融機関が多い。後見人によるインターネットバンキングでの取引の安全性を確保することによって、支払・決済手続を行うことが実現できれば、後見人の利便性も高まる。インターネットバンキングでの後見預金が可能となるよう、課題解決を図っていくことが望まれる。キャッシュレス化は、後見人取引のみならず、成年後見の利用者本人にも拡大することが考えられる。たとえば、生活費や小遣いなどを現金で本人に手渡しするのではなく、交通系カードなどは現金をチャージして渡し、日常の金銭管理はすべてカード決済とするといったような取組みである。認知症高齢者は、法定通貨の管理がむずかしいことが多いため、キャッシュレス化という方策は、一定の効果があると考えられる。

　一方、後見事務の現状に鑑みると、金融機関による後見事務報告のアウトソーシングが考えられる（図表5－10）。現在、東

126

図表5-10 後見事務のアウトソーシング

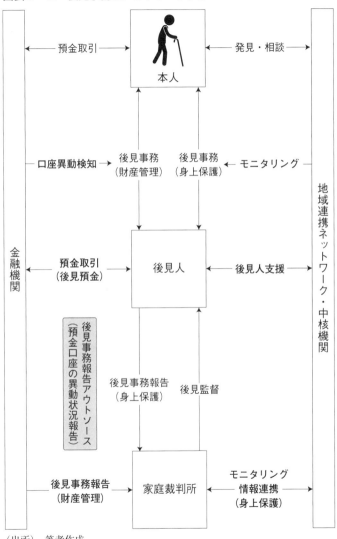

(出所) 筆者作成

第5章 今後のサービス展開と将来の展望 127

京家庭裁判所では、毎年の後見人の事務報告の際、収支報告と通帳のコピーの提出に加え、金融機関の残高証明書を提出させる動きになっている（通帳のコピーを偽造した専門職後見人がいたもようである）。収支結果と預金残高の突合せが必要なのであれば、将来的には、金融機関と裁判所があらかじめ協定を結んだうえで、金融機関から直接、定期的（月次・四半期次・半期次等）に、本人の預金口座の異動明細を家庭裁判所に送付するような方向性が考えられる。特に、両者の間でデータをやりとりすることが可能な状況になれば、リアルタイムで、家庭裁判所で預貯金の異動が把握できることになる。

　成年後見の利用件数の増加に伴い、専門職後見人を中心に、後見事務支援を図るシステムの提供が広まっているが、家庭裁判所向けの後見事務報告は、不慣れな親族後見人にとっては、けっこうな負担になっており、後見事務報告のコスト負担軽減は、将来的にも大きなニーズがあると思われる。さらに、支払の発生は、なんらかの後見事務が発生していることを意味しており、支払による資金移動と後見事務をリンクさせることが、後見人の不正防止と適切な後見事務の確保につながる。英国では、後見人による意思決定支援の強化を図るため、裁判所への事務報告において、後見人によるきめ細かな活動記録が求められる方向にあるとのことであるが、わが国でも同様の動きが出てこよう。

金融機関と裁判所のネットワーク化

　このようなことを考えると、将来的には、後見業務管理をつ

図表5－11 後見事務管理の高度化

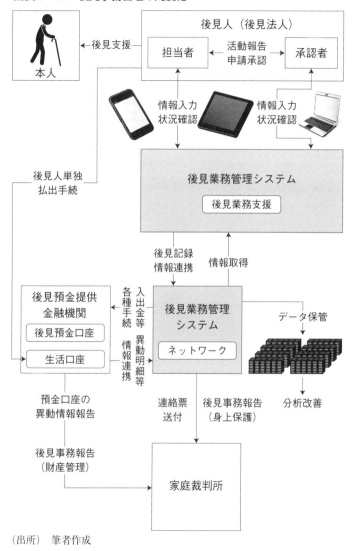

(出所) 筆者作成

かさどるシステム構築に加え、金融機関や家庭裁判所との間で情報連携を容易にするネットワークを整備することによって、預金の残高の動きと後見人の活動をリンクさせるような後見業務管理システムインフラを構築する方向性が考えられる（図表5-11）。

現状は、後見人から家庭裁判所への報告は、すべて書面によるものとされており、家庭裁判所側の保管書類の量も相当のボリュームになっているとのことである。後見人の事務負担と、家庭裁判所の監督業務負担の軽減は、成年後見の利用増加に伴って、大きな課題となってくることは容易に想定される。オンライン化・ICT活用によって、後見事務負担の軽減や、後見人の活動の可視化と後見人の不正防止機能にも寄与するような仕組みを検討していくことが必要だと思われる。

後見ビジネスへの展望

このように、金融機関が、後見預金をきっかけとして、後見人の財産管理機能を取り込み、後見人の報告業務の一部まで担う体制を整備することによって、後見人が、身上保護に集中できる環境が整い、身上保護が得意な後見人が選任されるようになれば、本人目線に立った成年後見の利用につながることが期待されよう。

金融機関が自ら後見人となって後見業務を行うことは、業法上の観点からも、利益相反管理の観点からも困難であると考えられるが、こと財産管理に関しては、金融機関の現行業務の延長線上にあることから、後見業務（財産管理）を受託すること

は十分可能である。これは、すなわち、金融機関による実質的な後見業務の取組み・引受けにほかならず、後見ビジネスという新たなビジネスの柱として育てていくことが展望されるのである。

第6節 福祉×金融による成年後見事業の推進

　本書の最後に、地域連携ネットワークの重要な一員でもある金融機関が、地域連携ネットワークにどのような貢献が可能なのか示しておきたい（図表5－12）。

図表5－12　地域連携ネットワークのイメージ

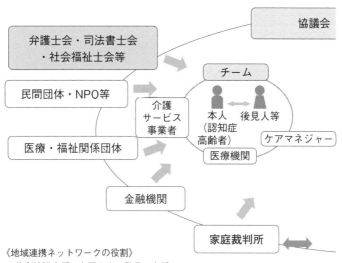

《地域連携ネットワークの役割》
➢権利擁護支援の必要な人の発見・支援
➢早期の段階からの相談・対応体制の整備
➢意思決定支援・身上保護を重視した成年後見制度の運用に資する支援体制の構築
《地域連携ネットワークの機能》
・広報機能、相談機能、利用促進機能、後見人支援機能、不正防止効果
（出所）　内閣府「成年後見制度利用促進基本計画について（3枚版概要）」

中核機関との連携による後見預金の機能強化

2017年4月からスタートした基本計画においては、市町村単位で、地域連携ネットワークの構築と中核機関の設置が予定されている。地域連携ネットワークにおいては、成年後見の広報・相談・利用促進・後見人支援の4つの機能発揮と不正防止効果が期待されており、権利擁護支援を要する人の発見・支援、早期の段階からの相談・対応の体制整備、意思決定支援・

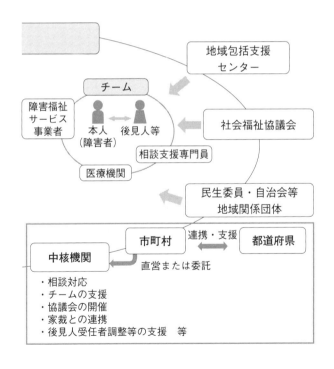

身上保護を重視した制度運用の支援体制の構築の役割が求められる。中核機関は、相談対応、チーム支援、協議開催、家裁連携、受任者調整等の役割を担っていくことが求められており、地域における成年後見の推進役として、利用促進に関する企画立案、指導助言、評価、統制といった活動を行う。また、中核機関は、地域連携ネットワーク関係者との間で、高齢者や障害者等の後見ニーズを抱える者や成年後見の利用者に関するさまざまな情報、後見人や後見人の活動に関する情報の収集・提供・共有を図ることが想定されており、いわば地域の成年後見に関する情報バンクとなっていくであろう。そのため、身上保護や財産管理全般に関する監督的な機能も果たすようになっていくものと解される。

　中核機関が、そのような役割と責任を果たせる実力を備えたあかつきには、福祉的な観点や、身上保護の観点に立った後見預金の支払チェック機能を果たすことは十分に可能である。中核機関が、財産管理のための専門機関を設置し、当該機関の同意・承認によって、後見預金の払出し等の手続が行われるようになることも考えられよう（図表5−13）。

　このように、見守り・身上保護と支払・財産管理が連動するようになると、不正防止効果を備えた地域連携ネットワークの実現が可能となっていく。金融機関が、地域連携ネットワーク・中核機関との連携を深めることによって、後見預金の機能もより高まっていくこととなろう。

図表5-13 中核機関による財産管理機関構想

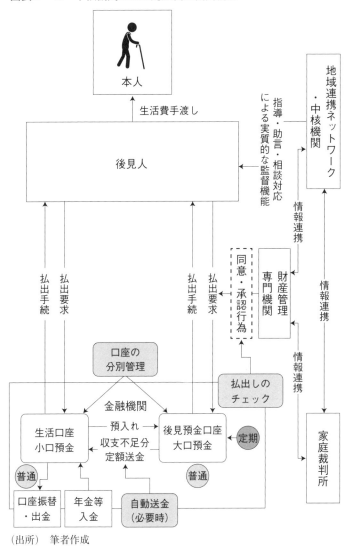

(出所) 筆者作成

第5章 今後のサービス展開と将来の展望 135

後見ニーズの発見と相続承継ニーズの発見

　中核機関は、親族後見人支援のほか、任意後見の利用促進、任意後見の適切なタイミングでの発効（すなわち任意後見ニーズの発見）も期待されている。それは、中核機関は、地域における具体的な後見事案や任意後見契約の内容まで網羅的に把握することを意味する。金融機関は、後見開始前の金融サービスから後見預金まで、一貫してサービス提供できる体制を整備することによって、まさに地域全体のニーズを満たすことができる。特に、任意後見契約が後見利用のスタンダードになれば、前述の「任意後見制度支援信託」のようなサービスがきわめて有効になると考えられる。金融サービスのなかに、後見機能を同化・シンクロさせるようなことができれば、金融機関にとっても持続可能な業務運営につなげていけるのではないだろうか。

　金融機関は、後見預金以外にも、小売業やサービス業と並んで、後見ニーズの発見という強みをもつ地域資源でもある。後見ニーズを抱える者や福祉の支援を擁する者を発見し、地域連携ネットワークや中核機関につないで連携強化を図っていくようになれば、逆に、地域連携ネットワークや中核機関から、お金に関する相談や、相続承継に関する相談が持ち込まれるようになる。特に高齢者の暮らしぶりを身近でみているケアマネジャーやホームヘルパーは、お金の相談や相続等の相談も受けていることが多い。後見ニーズの発見は、すなわち相続承継ニーズの発見にもなるのである。

法人後見機能の設立運営支援

　地域において後見機能を確保提供するためには、金融機関が中核機関（自治体による直営が基本であるが、社会福祉協議会への委託等も考えられる）と連携強化を図っていくことが不可欠である。そこで、金融機関が自治体との間で、地域福祉に関する包括的な協定を締結することが考えられる（図表5−14）。そして、当該協定の実効性をあげるために、地域に生活支援・後見法人を立ち上げ、その設立運営に金融機関が支援・関与を行っていくことが考えられる。金融機関による市民後見法人の設立運営支援は、信金業界を中心に、すでに4つの事例が始まっており、それぞれの地域において、しっかりとした後見の受任実績をあげ始めている。金融機関にとっても、親密な市民後見法人が生活支援や後見の受任を行っていくことで、後見預金の提供がより意味のあるものになっていくと考えられる。

　第2章および第3章で紹介した東京都品川区の事例では、社会福祉協議会と金融機関がスクラムを組んで、地域の高齢者の見守りを始め、後見ニーズのある者の発見・相談、成年後見の申立支援から後見受任までの一連の活動に、市民後見法人が大きな役割を果たしている。連名手続方式による後見預金の取扱いにあたっては、このような市民後見法人の存在がきわめて大きいのである。

　基本計画において、中核機関は、市民後見法人を育成支援することもタスクとして盛り込まれている。民間企業が、市民後見法人の設立運営に関与しているのは、いまのところ金融業界

第5章　今後のサービス展開と将来の展望　137

図表5－14　福祉×金融による地域後見機能の確保・実現

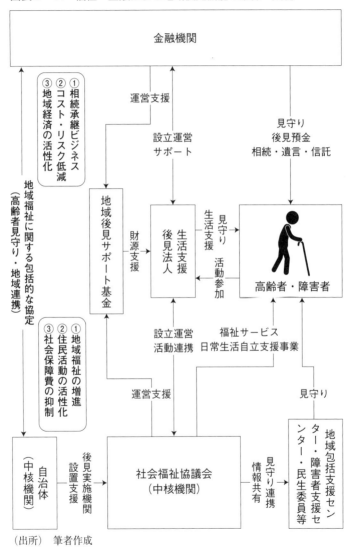

（出所）筆者作成

138

だけである。金融業界には、先行事例もあることから、金融機関が、積極的に自治体・社協等、福祉との連携を深め、市民後見法人の設立運営支援を行う等、成年後見事業の実をあげていくことによって、地域社会に大きな効果をもたらし、地域社会から大きな感謝をもって受け止められることになると思われる。

　時間がかかろうと、地域連携ネットワークの構築と中核機関の設置は、わが国が超高齢社会を乗り越えるために必須な施策である。金融機関は、地域連携ネットワークの重要な一員であり、金融機関は、後見ニーズを抱える者の発見や普及啓発、本人の財産保全管理と後見人の不正防止に関して、地域から大きな期待を寄せられている。後見預金のサービス提供は、その一里塚にすぎない。金融機関が、後見預金をはじめとする成年後見の利用促進に対して積極的に取り組んでいくことによって、地域連携ネットワーク・中核機関から信頼される金融機関になっていくことだろう。地域から選ばれる金融機関になれるかどうかは、ひとえに地域社会にコミットする金融機関トップのリーダーシップにかかっている。

資 料 編

(1) 後見支援預金参考書式（静岡家庭裁判所）

(2) 後見制度支援信託参考書式（静岡家庭裁判所）

⑴－ア　後見支援預金参考書式（静岡家庭裁判所）─預金契約締結

※□枠の該当に☑、および下線部分を御記載ください。

□　新規	開始（選任）事件番号　＿＿＿＿＿年（家）第＿＿＿＿＿号
	住　　　所＿＿＿＿＿＿＿＿＿＿＿＿＿＿＿＿＿＿
	（現住する住所・施設名を記載する。）
	成年（未成年）被後見人＿＿＿＿＿＿＿＿＿＿＿

報　告　書

＿＿＿＿＿年＿＿＿月＿＿＿日

静岡家庭裁判所（□＿＿＿＿＿支部・□＿＿＿＿＿出張所）　御中
（支部・出張所名まで御記載ください。）

成年（未成年）後見人＿＿＿＿＿＿＿＿＿＿＿㊞

　私は，＿＿＿＿＿＿＿＿＿（□銀行・□信用金庫）に対し，下記のとおり後見支援預金契約をしたいと考えますので，報告します。

記

1　後見支援預金契約　＿＿＿＿＿＿＿＿＿（□銀行・□信用金庫）の後見支援預金へ

金＿＿＿＿＿＿＿万円

2　設定する定期交付金　□なし
　　　　　　　　　　　　□あり

設定する交付金額　＿＿＿＿か月ごとに金＿＿＿＿万円

3　預金契約申出日　　指示の日から３週間以内の日
　　　　　　　　　　（初日不算入，最終日が祝日の場合は翌営業日）

4　添付資料
　(1)　成年（未成年）後見人が管理している成年（未成年）被後見人名義の預貯金通帳の写し
　(2)　事情説明書

監督事件番号　平成　　　年（家）第　　　　号（基本事件　平成　　　年（家）第　　　　号）

指　示　書

　職権により，上記報告書のとおり，後見支援預金契約を締結することを指示する。

年　　　月　　　日
　　静岡家庭裁判所
　　　裁判官

以　上

(1)－イ　後見支援預金参考書式（静岡家庭裁判所）―事情説明書

開始（選任）事件番号　平成＿＿＿年（家）第＿＿＿＿号
成年（未成年）被後見人＿＿＿＿＿＿＿

平成　年　月　日　現在

事情説明書

1　流動資産額　総額　￥＿＿＿＿＿＿＿＿円……(A)

(内訳) 現金・預貯金　￥＿＿＿＿＿＿＿＿円

有価証券(国公債・社債・外国債など)￥＿＿＿＿＿＿＿＿円

(株・MRF・MMF・投資信託など)￥＿＿＿＿＿＿＿＿円

2　収支予定額　年間約＿＿＿＿＿＿＿＿円の　□黒字　□赤字

(過去の収支)

平成　年　月　日～平成　年　月　日 (一昨年)　年間約＿＿＿＿万円の□黒字　□赤字

平成　年　月　日～平成　年　月　日 (昨年)　年間約＿＿＿＿万円の□黒字　□赤字

(過去の収支と収支予定額の関係)

□ 過去の収支と収支予定額は同程度である。

□ 以下の理由により過去の収支と比べて収支予定額が異なっている。

_____

例1　平成●●年●●月から施設利用料が月約●万円から●万円に変わったため。

例2　平成●●年●●月から受領年金額が月約●万円から●万円に変わったため。

3　後見支援預金　利用額　￥＿＿＿＿＿＿＿＿円……(B)

4　手元管理額　総額　￥＿＿＿＿＿＿＿＿円……(A－B)

(内訳) 現金・預貯金　￥＿＿＿＿＿＿＿＿円

有価証券(国公債・社債・外国債など)￥＿＿＿＿＿＿＿＿円

(株・MRF・MMF・投資信託など)￥＿＿＿＿＿＿＿＿円

5　手元管理額に有価証券が含まれている場合，その換価可能性について。

例1　償還日 (平成●年●月●日) を待って，追加預入を行う予定。

例2　順次株を売却し，追加預入を行う。今後1年から1年半の間に完了見込み。など

_____

_____

6　その他

_____

_____

(1)－ウ　後見支援預金参考書式（静岡家庭裁判所）― 一時金交付・定期交付金

※□枠の該当に☑、および下線部分を御記載ください。

□ 一時金交付	開始（選任）事件番号 _____年（家）第_____号
	住　　　所
□ 定期交付金	（現住する住所・施設名を記載する。）
	成年（未成年）被後見人_____

報 告 書

_____年_____月_____日

静岡家庭裁判所（□_____支部・□_____出張所）　御中
（支部・出張所名まで御記載ください。）

成年（未成年）後見人_____　㊞

　私は，_____（□銀行・□信用金庫）と契約中の後見支援預金につき，下記のとおり（□一時金の交付・□定期交付金設定・□定期交付金変更）が必要であると考えますので，報告します。

記

＜一時金の交付＞

1　交付請求額　　金_____万円

2　理　　　由　　_____に必要なため

3　交付請求日　　指示の日から３週間以内の日（初日不算入，最終日が祝日の場合は翌営業日）

＜定期交付金設定・定期交付金変更＞

1　新規（追加）設定・変更する定期交付金

　　□なし　　□あり　（□新規設定　　□変更設定 ）

	設定する交付金額　_____か月ごとに金_____万円		
変更のとき	変更前の内容　_____か月ごとに金_____万円		
	変更事由 _____のため		

2　理　　　由　　_____に必要なため

3　設定・変更日　　指示の日から３週間以内の日（初日不算入，最終日が祝日の場合は翌営業日）

4　添付資料
(1) 交付請求額及び理由の相当性を疎明する書類
(2) 成年（未成年）後見人が管理している成年（未成年）被後見人名義の預貯金通帳の写し

監督事件番号　平成　　年（家）第　　　　号（基本事件　平成　　年（家）第　　　　号）

指 示 書

　職権により，上記報告書のとおり，（□一時金交付・□定期交付金額）の（□設定・□変更）をすることを指示する。

　　　　　　　　年　　月　　日

　　　　　静岡家庭裁判所

　　　　　　裁判官

以　上

(1)−エ　後見支援預金参考書式（静岡家庭裁判所）─追加入金

※□枠の該当に☑、および下線部分を御記載ください。

□　追加	開始（選任）事件番号 ＿＿＿＿＿年（家）第＿＿＿＿＿号

住　　所＿＿＿＿＿＿＿＿＿＿＿＿＿＿＿＿＿＿＿＿＿＿＿＿

（現住する住所・施設名を記載する。）

成年（未成年）被後見人＿＿＿＿＿＿＿＿＿＿＿＿＿＿＿＿＿

報　告　書

＿＿＿＿＿＿年＿＿＿月＿＿＿日

静岡家庭裁判所（□＿＿＿＿＿支部・□＿＿＿＿＿出張所）　御中

（支部・出張所名まで御記載ください。）

成年（未成年）後見人＿＿＿＿＿＿＿＿＿＿＿　　㊞

　私は，＿＿＿＿＿＿＿＿＿（□銀行・□信用金庫）に対し，下記のとおり後見支援預金の追加預入をしたいと考えますので，報告します。

記

1　後見支援預金へ追加預入　　　金＿＿＿＿＿＿＿万円

2　預金契約申出日　　　指示の日から3週間以内の日

（初日不算入，最終日が祝日の場合は翌営業日）

3　添　付　資　料
　成年（未成年）後見人が管理している成年（未成年）被後見人名義の預貯金通帳の写し

監督事件番号　平成　　年（家）第　　　　号（基本事件　平成　　年（家）第　　　　号）

指　示　書

　職権により，上記報告書のとおり，後見支援預金の追加預入することを指示する。

　　　　　　　　　年　　　月　　　日
　　　　　静岡家庭裁判所
　　　　　　　裁判官

以　上

資　料　編　　145

⑴-オ　後見支援預金参考書式（静岡家庭裁判所）―口座解約

※□枠の該当に☑，および下線部分を御記載ください。

□ 解約	開始（選任）事件番号　平成＿＿＿年（家）第＿＿＿＿＿号
	住　　所＿＿＿＿＿＿＿＿＿＿＿＿＿＿＿＿＿＿＿＿＿＿＿＿＿
	（現住する住所・施設名を記載する。）
	成年（未成年）被後見人＿＿＿＿＿＿＿＿＿＿＿＿＿＿＿＿

報　告　書

平成＿＿＿年＿＿＿月＿＿＿日

静岡家庭裁判所＿＿＿＿＿＿御中

（支部・出張所名まで御記載ください。）

成年（未成年）後見人＿＿＿＿＿＿＿＿＿＿＿＿＿＿＿　　㊞

　私は，＿＿＿＿＿＿＿＿（□銀行・□信用金庫）と契約中の後見支援預金につき，下記の
とおり解約し，次の成年（未成年）被後見人名義の口座への送金が必要であると考えます
ので，報告します。

記

1　理　　　　由　＿＿＿＿＿＿＿＿＿＿＿＿＿＿＿＿＿＿＿＿に必要なため

2　振込先口座　　金　融　機　関　名　＿＿＿＿＿＿＿＿
　　　　　　　　支　　店　　名　＿＿＿＿＿＿＿＿
　　　　　　　　預金種目・口座番号　＿＿＿＿＿＿＿＿

3　解約申出日　　指示の日から３週間以内の日
　　　　　　　　（初日不算入，最終日が祝日の場合は翌営業日）

4　添　付　資　料
　(1)　理由の相当性を疎明する書類
　(2)　成年（未成年）後見人が管理している成年（未成年）被後見人名義の預貯金通帳の
　　　写し

監督事件番号　平成　　年（家）第　　　号（基本事件　平成　　年（家）第　　　号）

指　示　書

　職権により，上記報告書のとおり，以下の申出をすることを指示する。
　　1　後見支援預金の解約
　　2　成年（未成年）被後見人名義の下記預貯金口座への解約に伴う受取金（金融
　　　機関所定の解約手数料，振込手数料を控除したもの）の送金
　　　　金　融　機　関　名　＿＿＿＿＿＿＿＿
　　　　支　　店　　名　＿＿＿＿＿＿＿＿
　　　　預金種目・口座番号　＿＿＿＿＿＿＿＿

　　　平成　　年　　月　　日
　　　　静岡家庭裁判所
　　　　　裁判官

以　上

⑴-カ　後見支援預金参考書式（静岡家庭裁判所）─監督人意見書

基本事件番号　平成　　年（家）第　　　　　号

成年（未成年）被後見人＿＿＿＿＿＿＿＿＿

意　見　書

　静岡家庭裁判所（□＿＿＿支部・□＿＿＿出張所）　御中

　　　　　　　　　　　　　　　　　平成　年　月　日

　　　　　　氏名（成年（未成年）後見監督人）＿＿＿＿＿＿印

　平成●●年●●月●●日付け成年（未成年）後見人作成の下記1に関する後見支援預金にかかる報告書について，その内容を確認しました。
　当職の意見は，下記2のとおりです。

記

1　類型
　□　新規　□　一時金交付（設定・変更）　□　定期金交付　□　追加
　□　解約

2　意見
　□　後見支援預金に関する手続きは，相当である。
　□　後見支援預金に関する手続きは，不相当である。
　　（不相当である理由）

　　　　　　　　　　　　　　　　　　　　　　　　　　　以　上

(注) 該当する□にチェックしてください。

⑵-ア　後見制度支援信託参考書式（静岡家庭裁判所）―信託契約締結

下線部分を御記載ください。　　　　　　　　（報告書・指示書（信託契約締結）

開始（選任）事件番号　平成＿＿年（家）第＿＿＿＿号

住所＿＿＿＿＿＿＿＿＿＿＿＿＿＿＿＿＿＿＿＿（現住する住居，施設名を記載する。）

成年被後見人＿＿＿＿＿＿＿＿＿＿＿＿＿＿＿＿＿

報　告　書　（信託契約締結）

静岡家庭裁判所　　　　　　　御中

（支部・出張所名まで御記載ください。）

平成　　　年　　月　　日

成年後見人＿＿＿＿＿＿＿＿印

　　下記の内容で信託契約を締結することが相当であると考えますので，報告します。

記

1　利　用　予　定　の　信　託　＿＿＿＿＿＿＿＿（信託）銀行の後見制度支援信託

2　信　　託　　財　　産　　金＿＿＿＿＿＿＿円

3　信託財産の交付金額　　　＿＿＿か月ごとに金＿＿＿＿＿＿円

　　（定期交付金額）　　　（※1・2・3・6か月のうち，適当な交付間隔を選択すること）

4　契　約　申　込　日　　　指示の日から3週間以内の日

　　　　　　　　　　　　　（初日不算入，最終日が祝日の場合は翌営業日）

監督事件番号　平成　　年(家)第　　　号（基本事件　平成　年(家)第　　号）

指　示　書　（信託契約締結）

　　職権により，上記報告書のとおり，信託契約を締結することを指示する。

　　平成　　年　　月　　日

　　　　静岡家庭裁判所

　　　　裁判官

以　　上

⑵-イ　後見制度支援信託参考書式（静岡家庭裁判所）―事情説明書

開始（選任）事件番号　平成_____年家第_____号　成年被後見人_____

信託の利用及びその利用予定に関する事情説明書

氏名（成年後見人）_____㊞

1　流動資産額　総額　¥_____円……(A)

　　　　　　　（内訳）現金・預貯金　¥_____円

　　　　　　　　　　　　有価証券(国公債・社債・外国債など)¥_____円

　　　　　　　　　　　　(株・MRF・MMF・投資信託など)¥_____円

2　収支予定額　年間約_____円の　□黒字　□赤字

3　信託利用額　¥_____円……(B)

4　手元管理額　総額　¥_____円……(A－B)

　　　　　　　（内訳）現金・預貯金　¥_____円

　　　　　　　　　　　　有価証券(国公債・社債・外国債など)¥_____円

　　　　　　　　　　　　(株・MRF・MMF・投資信託など)¥_____円

5　手元管理額が２００万円を大幅に超える場合，その必要性。

　　　例　２か月後に手術の予定があり，その費用●万円の支払いが見込まれるため。など

　_____

　_____

　_____

6　手元管理額に有価証券が含まれている場合，その換価可能性について。

　　　例1　償還日（平成●年●月●日）を待って，追加信託を行う予定。

　　　例2　順次株を売却し，追加信託を行う。今後１年から１年半の間に完了見込み。など

　_____

　_____

7　追加信託の予定とその時期

　_____

　_____

8　その他

　_____

　_____

⑵-ウ　後見制度支援信託参考書式（静岡家庭裁判所）―定期交付金額変更

下線部分を御記載ください。　　　　　（報告書・指示書（定期交付金額の変更））

開始（選任）事件番号　平成____年（家）第_____号
住所_____（現住する住所・施設名を記載する。）

成年被後見人_____

報　告　書　（定期交付金額の変更）

静岡家庭裁判所　　　　　　　　御中
（支部・出張所名まで御記載ください。）

　　　　　　　　　　　　平成　　　年　　　月　　　日

　　　　　　　　　　　成年後見人_____印

_____（信託）銀行を受託者とする信託契約につき，下記のとおり信託財産の交付金額の変更が必要であると考えますので，報告します。

記

1　変更前の信託財産の交付金額　_____か月ごとに金_____円
2　変更後の信託財産の交付金額　_____か月ごとに金_____円
　　　　　　　　　　　　　　（※1・2・3・6か月のうち，適当な交付間隔を選択すること）
3　理　　　　由
　　成年被後見人に_____という状況の変化があったため
4　信託財産の交付金額の変更申出日　指示の日から3週間以内の日
　　　　　　　　　　　　　　　（初日不算入，最終日が祝日の場合は翌営業日）
5　添　付　資　料
　(1)　理由の相当性を疎明する書類
　(2)　受託者から受領した直近の信託財産状況報告書
　(3)　成年後見人が管理している成年被後見人名義の預貯金通帳の写し

監督事件番号　平成　　年（家）第　　号（基本事件　平成　　年（家）第　　号）

指　示　書　（定期交付金額の変更）

　　職権により，上記報告書のとおり，定期交付金額の変更の申出をすることを指示する。
　　平成　　年　　月　　日
　　　静岡家庭裁判所
　　　　裁判官

　　　　　　　　　　　　　　　　　　　　　以　上

⑵-エ　後見制度支援信託参考書式（静岡家庭裁判所）― 一時金交付

<u>下線部分を御記載ください</u>　　　　　　　　　　（報告書・指示書（一時金交付））

開始（選任）事件番号　平成＿＿＿年(家)第＿＿＿＿＿号

住所＿＿＿＿＿＿＿＿＿＿＿＿＿＿＿＿＿＿＿＿＿（現住する住所・施設名を記載する。）

成年被後見人＿＿＿＿＿＿＿＿＿＿＿＿＿＿＿＿

報　告　書　（一時金交付）

　静岡家庭裁判所　　　　　　　御中

　（支部・出張所名まで御記載ください。）

　　　　　　　　　　　　　　　平成　　　年　　　月　　　日

　　　　　　　　　　　　成年後見人＿＿＿＿＿＿＿＿㊞

＿＿＿＿＿＿＿（信託）銀行を受託者とする信託契約につき，下記のとおり一
時金の交付が必要であると考えますので，報告します。

記

1　交 付 請 求 額　　金＿＿＿＿＿＿＿円

2　理　　　　　由　　＿＿＿＿＿＿＿＿＿＿＿＿＿に必要なため

3　交 付 請 求 日　　指示の日から３週間以内の日

　　　　　　　　　　（初日不算入，最終日が祝日の場合は翌営業日）

4　添 付 資 料
　(1)　交付請求額及び理由の相当性を疎明する書類
　(2)　受託者から受領した直近の信託財産状況報告書
　(3)　成年後見人が管理している成年被後見人名義の預貯金通帳の写し

監督事件番号 平成　　年(家)第　　　号（基本事件 平成　年(家)第　　　号）

指　示　書　（一時金交付）

　職権により，上記報告書のとおり一時金交付の請求をすることを指示する。

　　　　平成　　　年　　　月　　　日

　　　　静岡家庭裁判所
　　　　裁判官

　　　　　　　　　　　　　　　　　　　　以　上

⑵－オ　後見制度支援信託参考書式（静岡家庭裁判所）―追加信託

下線部分を御記載ください。　　　　　　　　　　　　（報告書・指示書（追加信託））

開始（選任）事件番号　平成＿＿年（家）第＿＿＿＿＿号

住所＿＿＿＿＿＿＿＿＿＿＿＿＿＿＿＿＿＿＿＿（現住する住所・施設名を記載する。）

成年被後見人＿＿＿＿＿＿＿＿＿＿＿＿＿＿＿＿＿

報　告　書　（追加信託）

静岡家庭裁判所　　　　　　　御中

（支部・出張所名まで御記載ください。）

平成　　　年　　月　　日

成年後見人＿＿＿＿＿＿＿＿印

＿＿＿＿＿＿＿（信託）銀行を受託者とする信託契約につき，下記のとおり追加信託したいと考えますので，報告します。

記

1　追加信託財産　　金＿＿＿＿＿＿＿円

2　追加信託申出日　　指示の日から3週間以内の日

（初日不算入，最終日が祝日の場合は翌営業日）

3　添付資料

成年後見人が管理している成年被後見人名義の預貯金通帳の写し

監督事件番号　平成　　年（家）第　　　号（基本事件　平成　　年（家）第　　　号）

指　示　書　（追加信託）

職権により，上記報告書のとおり，追加信託の申出をすることを指示する。

平成　　　年　　月　　日

静岡家庭裁判所

裁判官

以　上

(2)一カ　後見制度支援信託参考書式（静岡家庭裁判所）―契約解約

下線部分を御記載ください。　　　　　　　　　　**（報告書・指示書（信託契約の解約））**

開始（選任）事件番号　平成＿＿＿＿年㈶第＿＿＿＿＿＿号

住所　　　　　　　　　　　　　　　　　（現住する住居，施設名を記載する。）

成年（未成年）被後見人　＿＿＿＿＿＿＿＿＿＿＿＿＿＿＿＿＿

報　告　書（信託契約の解約）

静岡家庭裁判所　　　　　　　　　御中
（支部・出張所名までご記載ください。）

平成＿＿＿年＿＿＿月＿＿＿日

成年（未成年）後見人　＿＿＿＿＿＿＿＿＿㊞

＿＿＿＿＿＿＿＿（信託）銀行を受託者とする信託契約につき，下記のとおり解約し，次の成年（未成年）被後見人名義の口座への送金が必要であると考えますので，報告します。

記

1　理　　　　由　＿＿＿＿＿＿＿＿＿＿＿＿に必要なため

2　振込先口座　　金　融　機　関　名　＿＿＿＿＿＿＿＿＿
　　　　　　　　　支　　店　　　名　＿＿＿＿＿＿＿＿＿
　　　　　　　　　預金種目・口座番号　＿＿＿＿＿＿＿＿＿

3　解約申出日　　指示の日から３週間以内の日
　　　　　　　　　（初日不算入，最終日が祝日の場合は翌営業日）

4　添　付　資　料
　(1)　理由の相当性を疎明する書類
　(2)　受託者から受領した直近の報告書（信託財産の残高が記載された通帳の写し）
　(3)　解約に伴う受取金を送金する成年(未成年)被後見人名義の預貯金通帳の写し

監督事件番号　平成＿＿＿年㈶第＿＿＿＿号（基本事件　平成＿＿＿年㈶第＿＿＿＿号）

指　示　書

職権により，上記報告書のとおり，以下の申出をすることを指示する。

1　信託契約の解約

2　成年（未成年）被後見人名義の下記預貯金口座への解約に伴う受取金
　（金融機関所定の解約手数料，振込手数料を控除したもの）の送金
　　　金　融　機　関　名　＿＿＿＿＿＿＿＿＿
　　　支　　店　　　名　＿＿＿＿＿＿＿＿＿
　　　預金種目・口座番号　＿＿＿＿＿＿＿＿＿

平成　　　年　　　月　　　日
静岡家庭裁判所
裁判官

以　上

資　料　編　153

⑵－キ　後見制度支援信託参考書式（静岡家庭裁判所）―信託契約締結（監督人方式）

下線部分を御記載ください。　　　　　　　（報告書・指示書（信託契約締結）（監督人方式））

開始（選任）事件番号　平成＿＿年（家）第＿＿＿＿＿号
住所＿＿＿＿＿＿＿＿＿＿＿＿＿＿＿＿＿＿＿＿＿＿＿（現住する住居，施設名を記載する。）
成年被後見人＿＿＿＿＿＿＿＿＿＿＿＿＿＿

報　告　書　（信託契約締結）

静岡家庭裁判所　　　　　　　　御中
（支部・出張所名まで御記載ください。）

平成　　年　　月　　日

成年後見人＿＿＿＿＿＿＿＿＿印

　下記の内容で信託契約を締結することが相当であると考えますので，報告します。

記

1　利　用　予　定　の　信　託　＿＿＿＿＿＿＿＿＿（信託）銀行の後見制度支援信託
2　信　託　財　産　　金＿＿＿＿＿＿＿円
3　信託財産の交付金額　　＿＿＿か月ごとに金＿＿＿＿＿＿円
　　（定期交付金額）　　（※1・2・3・6か月のうち，適当な交付間隔を選択すること）
4　契　約　申　込　日　　指示の日から3週間以内の日
　　　　　　　　　　　　（初日不算入，最終日が祝日の場合は翌営業日）

　上記の内容で信託契約を締結することに同意します。
　　　　平成＿＿年＿＿月＿＿日　成年後見監督人＿＿＿＿＿＿＿＿印

監督事件番号　平成　　年(家)第　　　号(基本事件　平成　　年(家)第　　　号)

指　示　書　（信託契約締結）

　職権により，上記報告書のとおり，信託契約を締結することを指示する。

　　平成　　年　　月　　日
　　　静岡家庭裁判所
　　　　　裁判官

以　上

154

⑵-ク　後見制度支援信託参考書式（静岡家庭裁判所）─後見事務
　　　引継ぎ

開始（選任）事件番号　平成●●年⒟第●●●号
成年被後見人　●　●　●　●

後見事務報告書（財産の引継ぎ等）

静岡家庭裁判所　御中

平成●●年●月●日

●　●　●　●　㊞

1　頭書記載の成年被後見人の平成●●年●月●日現在の財産は、別紙財産目録のとお
　りです。
2　成年後見人●●●●に対し，管理していた財産を次のとおり引き継ぎましたので，
　報告します。
⑴　引　　継　　日　　平成●●年●月●日
⑵　引　継　書　類
　ア　別紙財産目録
　イ　信託契約書の写し及びその関係書類
　ウ　預金通帳
　エ　・・・・・・・・・

後見事務報告書　（財産の引継ぎ等）

1　頭書記載の成年被後見人の平成●●年●月●日現在の財産が，別紙財産目録のとお
　りであることを確認しました。
2　上記●●●●から上記引継書類及び管理していた財産の引き継ぎを受けました。
3　今後は私が成年被後見人の財産を適正に管理し，家庭裁判所から管理財産の報告を
　求められたときや，成年被後見人の財産に大きな変動があったときには速やかに報告
　します。

平成●●年●月●日

成年後見人　●　●　●　●　㊞

⑵-ケ　後見制度支援信託参考書式（静岡家庭裁判所）―財産目録

【本人氏名：　　　　　】

財 産 目 録（平成　　年　　月末日現在）

作成日：平成　　年　　月　　日　作成者氏名　　　　　　　　　　印

1 預貯金・現金

□ なし

番号	金融機関の名称	支店名	口座種別	口座番号	基準日現在の残高（円）	管理者
①						
②						
③						
④						
⑤						
⑥						
	現　金					
	合　計					

2　有価証券（投資信託，株式，公債，社債，手形・小切手）

□ なし

番号	種　類	銘柄，振出人等	数量（口数，株数，額面金額等）
①			
②			
③			
④			

3　不動産（土地）

□ なし

番号	所　在	地　番	地　目	地積（㎡）
①				
②				
③				
④				

4　不動産（建物）

□ なし

番号	所　在	家屋番号	種　類	床面積（㎡）
①				
②				
③				
④				

1

5 保険契約（本人が契約者又は受取人になっているもの） □ なし

番号	保険会社の名称	保険の種類	証書番号	保険金額（受取額）（円）	受取人
①					
②					
③					
④					

6 その他（賃金債権，今後取得が見込まれる財産等） □ なし

番号	財産の種類	金額等（円）	備考
①			
②			
③			
④			
⑤			

7 負債 □ なし

番号	債権者名（支払先）	負債の内容	残額（円）	返済月額（円）
①				
②				
③				
合　計				

※ 書ききれない場合は別紙を作成の上，この目録に添付してください。

2

資　料　編　157

【参考文献・参考資料】

［参考文献］

新井誠・赤沼康弘・大貫正男編『成年後見制度　法の理論と実務』
　有斐閣

小林昭彦・大門匡・岩井伸晃編著『新成年後見制度の解説〔改訂
　版〕』金融財政事情研究会

赤沼康弘・池田惠利子・松井秀樹編集代表『Q&A成年後見実務全
　書　第3巻』民事法研究会

尾川宏豪・全国地域生活支援機構『日常生活支援から始まる成年後
　見事業』金融財政事情研究会

［参考資料］

遠藤英嗣「信託法制等から「後見制度支援信託」を考える（上）
　（下）」実践　成年後見56号・57号（民事法研究会）2015年5月・
　7月

石井芳明・松永智史ほか「特集3　後見制度支援信託の今後の展
　開」信託フォーラムVol.4（日本加除出版）2015年9月

鈴木俊一「後見制度支援スキーム活用による高齢者取引の可能性」
　銀行実務2017年9月号（銀行研修社）2017年9月

木内清章「「後見支援預金」の制度内容と活用のポイント」近代
　セールス2017年12月1日号（近代セールス社）2017年12月

【著者略歴】

尾川　宏豪（おがわ　ひろひで）

野村総合研究所 金融イノベーション研究部 上級研究員
1988年、慶應義塾大学法学部法律学科卒業。同年東洋信託銀行（現三菱UFJ信託銀行）入社。個人営業・中小企業金融の経験を経て、2006年より野村総合研究所にて勤務、2014年10月より現職。6年前から、銀行窓販における販売勧誘ルールの実態調査をきっかけに、認知症高齢者に対する金融機関のかかわり方や提供サービスについての調査研究に従事。現在、高齢者の繍活を起点とする「現代版隠居」の仕組みづくりや、自治体・社会福祉協議会や金融機関に対し、福祉×金融による成年後見事業の取組みを支援するなかで、後見預金や、寄付・遺贈付商品・サービスを使ったエリアクラウド・地域後見サポート基金の取組みを推進中。
日本成年後見法学会会員。

［主な著書］
『日常生活支援から始まる成年後見事業』（共著、金融財政事情研究会、2016年）
『法人後見のてびき』（共著、日本加除出版、2017年）　ほか

後見預金

2018年7月11日　第1刷発行

著　者　尾　川　宏　豪
発行者　小　田　　　徹
印刷所　三松堂印刷株式会社

〒160-8520　東京都新宿区南元町19
発　行　所　一般社団法人 金融財政事情研究会
企画・制作・販売　株式会社きんざい
出 版 部　TEL 03(3355)2251　FAX 03(3357)7416
販売受付　TEL 03(3358)2891　FAX 03(3358)0037
URL http://www.kinzai.jp/

・本書の内容の一部あるいは全部を無断で複写・複製・転訳載すること、および
　磁気または光記録媒体、コンピュータネットワーク上等へ入力することは、法
　律で認められた場合を除き、著作者および出版社の権利の侵害となります。
・落丁・乱丁本はお取替えいたします。定価はカバーに表示してあります。
ISBN978-4-322-13279-3